百寿者《センテナリアン》からの伝言

100年人生の生き方死に方

久恒啓一
（ひさつね・けいいち）
多摩大学副学長

さくら舎

はじめに――〈一〇〇年人生〉が始まった!

〈人生一〇〇年時代〉が到来しつつある。それを生きる人を日本では「百寿者」というが、欧米では一世紀を生き抜いたという意味で「センテナリアン」と呼んでいる。この時代をリスクととらえる風潮が多いが、私は千載一遇のチャンスとみるべきだと思っている。〈人生八〇年時代〉といわれたころから「志学《しがく》・而立《じりつ》・不惑《ふわく》・知命《ちめい》・耳順《じじゅん》・従心《じゅうしん》」という孔子の人生訓から脱却し、超高齢時代にふさわしい人生の考え方を私は提唱してきた。八〇年時代と孔子のいう〈人生五〇年時代〉を比較するのに、一・六倍してみると志学は二四歳、而立は四八歳、不惑は六四歳、知命は八〇歳、耳順は九六歳、従心は一一二歳となる。

二四歳から四八歳が青年期、四八歳から六四歳が壮年期、六四歳から八〇歳が実年期、八〇歳から九六歳が熟年期、九六歳から一一二歳が大人期、それ以降一二五歳までは仙人期と考えたい。

人生一〇〇年時代といわれるようになってようやくこの考え方を納得してもらえるようになったのではないか。二〇代半ばから八〇歳まで、青年期と壮年期と実年期とを合わせて三つのキャリアを持てる時代になったし、その後も三期あるのだ。

さて、二〇一八年六月七日に私が毎日書き続けているブログ「今日も生涯の一日なり」が五〇〇〇日を迎えた。このブログでその日が命日と誕生日の偉人を対象に、心に響いた言葉と人生の軌跡と私の感慨を記すという修行を二〇一六年、二〇一七年に行なった。そのなかから、およそ九〇歳以上の地平に立った人々を抜き出したのが本書である。

また、二〇〇五年から本格的に始めた「人物記念館の旅」は、すでに八〇〇館を超えてライフワークとなってきたが、「偉い人」の条件が自分なりにわかってきた。それは影響力ということである。深く、広く、そして長く影響を与える人が偉い人だ。

そうした彼らの共通項は七つある。〈学び続ける〉〈負けず嫌い〉〈あきらめない〉〈疲れを知らない〉〈謙虚である〉〈夢がある〉〈心を忘れない〉である。その分類ごとに、基本的に高齢順に並べている。一〇七歳と最高齢の平櫛田中《ひらくしでんちゅう》を含め、訪問した各記念館において入手した資料や書籍から拾った言葉を使っているから、知られていない名言も多いはずだ。
百寿者は二〇五〇年には五三万人になるとの予測はあるが、現在ではまだ七万人ほどであり数が多くなく、この本では九〇歳以上の人を取り上げることを基本にした。「平成」の次の時代が見えている今、超高齢化時代を生きる読者に耳を傾けていただければ幸いだ。

ところで、先の平櫛をはじめ長寿者について記すとき、どうしても避けえないのが背景となる時代的な差異だ。たとえば数字なら、各著作よりそのまま引用すれば算用数字と漢数字、それに和数字ともいうべき「一方式」と称される漢数字を並べた現代表記が混在したものとなってしまう。さらに文章表記でも、旧かな遣いや古語等々の問題などがある。

それらから本書では、数字は横書き時には算用数字、本文中では和数字を用いる形とし、文章表記は現代かな遣いと現代用字・用語を原則的に統一使用することとした。他方で、各項目においてそれぞれ新暦などを折々に付すようにもした。

以上は読者の方々に、無用の混乱を起こすまいとして行なったものであり、なにとぞご了解いただければと思う。

久恒啓一《ひさつねけいいち》

【目次】一〇〇年人生の生き方死に方

第二章 負けず嫌い

第三章 あきらめない

第四章 疲れを知らない

第五章 謙虚である

第六章 夢がある

第七章 心を忘れない

一〇〇年人生の生き方死に方

——百寿者《センテナリアン》からの伝言

第一章　学び続ける

107歳

平櫛田中
「六〇、七〇洟垂れ小僧、男盛りは一〇〇から一〇〇から」

平櫛田中（ひらくし〔または〝ひらぐし〟〕でんちゅう、一八七二〔明治五〕年一月一五日〔新暦二月二三日〕—一九七九〔昭和五四〕年一二月三〇日）は、岡山県出身の彫刻家。本名は平櫛倬太郎《たくたろう》。旧姓は田中。井原市名誉市民（一九五八年）、福山市名誉市民（一九六五年）、小平市名誉市民（一九七二年）。

九八歳から移り住んだ東京・小平市の居宅は、現在は記念館となっている。庭には直径一・九メートルのクスノキの巨木がある。一〇〇歳のときに田中が、さらに二〇年、三〇年と創作活動に取り組めるよう、取り寄せたものだ。

代表作は現在、国立劇場のロビーに展示されている『鏡獅子』。また、小平市平櫛田中彫刻美術館では彩色豊かな『源頼朝公像』、そして『良寛和尚燈下万葉』『月琴』（陶淵明）『聖徳皇太子御像』『聖観世音菩薩』『降魔《ごうま》』『気楽坊』『釣隠』。さらに岡山県の田中美術館でも『一休』『鏡獅子試作頭』『湊川神社狛犬』『西行』『西山公《せいざんこう》』『五浦釣人』など多くの傑作が展示されている。

　平櫛田中は東京芸術大学を退官するまで、登校のたびに、大学構内に置かれた自身の作品『岡倉天心像』に最敬礼したという。彼が、師と仰ぐ天心から指導を受けた期間はわずかであった。しかし「田中は一日として師恩を忘れなかった」。

　年表によると、七二歳で東京美術学校の教授になり、七七歳で東京芸術大学の教授。そして九三歳で名誉教授、という不思議な肩書と年齢の関係がみえる。七〇歳を超えて母校の教授になり、九〇歳で文化勲章をもらったこともあり、その三年後に名誉教授に推薦されている。

平櫛田中

　残っている映像で一〇〇歳を超えた日常が紹介されていた。彫刻の題材を探すためもあって、ハサミを片手に新聞を切り抜く姿があった。とにかく興味が多岐にわたり、好奇心とバイタリティにあふれた人だったらしいことがわかる。
　家族の証言によると、早起きで午前二時には起きて本や新聞を読み、六時から着物を着て洗面、朝食。その後庭での三〇分間の散歩。午前中は居間で本を読み、手紙を書く。午後は書道。就寝は午後九時、という規律的で充実した日常だった。

「実践、実践、また実践。挑戦、挑戦、また挑戦。修練、修練、また修練。やってやれないことはない。やらずにできるわけがない。今やらずしていつできる。やってやってやり通せ」

九八歳で小平市に転居したあと、向こう三〇年間は創作活動を続けられるよう原木を用意してあった。ということは、一三〇歳まで仕事の予定があったということになる。それを証明するような逸話もある。同じく天心の薫陶を受けた日本画の横山大観、地唄舞の武原はん、そして画家・丸木スマの彫刻を作ろうとしていたのだ。

「男盛りは一〇〇から、一〇〇から」はともかく、「六〇、七〇洟垂《はなた》れ小僧」は、現在の高齢時代に生きる私たちに〝喝〟を入れてくれる。この気概を見習いたい。

（98歳）団藤 重光

「死刑の存続は一国の文化水準を占う目安である」

団藤重光（だんどうしげみつ、正字体：團藤、一九一三（大正二）年一一月八日―二〇一二（平成二四）年六月二五日）は、岡山県出身（ただし生まれは山口県）の法学者。東京大学教授（一九四七～七四年、同年に退官し名誉教授）。ほか最高裁判所判事（一九七四～八三年）、日本学士院会員（一九八一年）などを務めた。勲一等旭日大綬章（一九八七年）、文化勲章（一九九五年）を授かる。

団藤重光

師・小野清一郎の道義的責任論と、小野の師・牧野英一の性格責任論を止揚して人格責任論を提唱するなど、戦前に新派と旧派に分かれていた刑法理論の統合を目指し、発展的に解消させて継承し、戦後刑法学の学説の基礎を築いた。

最高裁判事として強制採尿令状を提唱。大阪空港訴訟では深夜早朝の差し止め却下に対して反対意見を述べている。自白の証拠採否については共犯の自白も本人の自白と解すべきだという反対意見を述べた。学者時代は共謀共同正犯を否定していたが、実務家としては肯定説に立った。

もともとは死刑に賛成の立場であったが、ある裁判の陪席として出した死刑判決に疑念を持ったことから、その後は死刑廃止論者の代表的人物となった。退官後も死刑廃止運動などに関与した。

晩年にはイエズス会から洗礼を受ける。洗礼名はトマス・アクィナスだった。『神学大全』で知られる中世期イタリアのスコラ学の代表的神学者をもじった名である。

私も法学部だったので団藤「刑法」の教科書を読んでいたが、著書リストを眺めると、刑法学以外の『反骨のコツ』（朝日新書）が目に入った。典型的なエリート街道を走ってきた団藤は、実は反骨の人でもあったのだ。

「人間の終期は天が決めることで人が決めてはならない」という団藤重光の死刑廃止論を改めて読みたい。

97歳 梅原 龍三郎

「生者は死者のためにわずらわさるべきにあらず」

梅原龍三郎（うめはらりゅうざぶろう、一八八八〔明治二一〕年三月九日—一九八六〔昭和六一〕年一月一六日）は、京都府出身の洋画家。

ヨーロッパで学んだ油彩画に、桃山美術・琳派・南画といった日本の伝統的な美術を自由奔放に取り入れ、絢爛な色彩と豪放なタッチが織り成す装飾的な世界を展開。昭和の一時代を通じて日本洋画界の重鎮として君臨した。

梅原龍三郎

日本近代洋画を代表する梅原龍三郎は二〇世紀初頭にフランスの国民的画家となっていたルノワール（一八四一—一九一九）と出会い、終生彼に師事していた。二〇歳で渡仏した梅原は南フランスのルノワールの自宅・アトリエを訪問し親しくなる。そのとき「さあさあ奮発せん。私は彼に見られるに値する。私は彼の芸術をあまりに愛する。彼はそれを知らねばならぬ」と自身を励ましている。

五年間の留学中、世界的巨匠に学ぶという得がたい経験をする。そして帰国後も梅原は日本にルノワールを紹介し、またルノワールと手紙のやりとりを続けている。三七歳の年齢差であったルノワールと梅原の師弟関係は、魂の触れあった美しいものであった。

「個性がないと絵もそれを見る人間の目を引かない。個性を出した絵でないと人を打たぬし売れもしない。とはいっても、私はどんな小さな作品でも商品だと思って描いてはいないけどね」

前述したように、梅原は帰国後、東洋と西洋の美の融合を目指したが、その独自な画境は目標を達したといえよう。

家族だけの葬儀ですますことを遺言した偉人はいるが、その理由まで記した人はみかけない。遺言における葬儀の指示には、その人の人生観が表われる。冒頭の言葉は、以下が全文である。

「葬式の類は一切無用のこと。弔問、供物の類はすべて固辞すること。生者は死者のためにわずらわさるべきにあらず」

（91歳）渋沢 栄一

「限りない資本を活用する資格とは……信用である」

渋沢栄一（しぶさわえいいち、一八四〇〔天保一一〕年二月一三日〔新暦三月一六日〕―一九三一〔昭和六〕年一一月一一日）は、江戸時代末期から大正初期にかけて活躍した武蔵国（現・埼玉県）出身の官僚、実業家。

渋沢栄一

第一国立銀行や東京株式取引所（現・東京証券取引所）などといった多種多様な企業の設立・経営にかかわり、「日本資本主義の父」ともいわれる。理化学研究所の創設者でもある。正二位勲一等子爵。雅号に「青淵《せいえん》」を用いる。

『渋沢栄一　雨夜譚／渋沢栄一自叙伝（抄）』（人間の記録41　日本図書センター刊）を読んだ印象は、「志を持った人」「提案魔」「出処進退がきれい」である。これほどの人物が「財閥」を形成しなかったのは見事というほかはない。

若き日に徳川慶喜に仕えたことから、その後も連絡を取り続け、一九一三（大正二）年に慶喜が没したあと、一九一八年の七八歳のときに『徳川慶喜公伝』を刊行しているのは人間として素晴らしい。

「有望な仕事があるが資本がなくて困るという人がいる。だが、これは愚痴でしかない。その仕事が真に有望で、かつその人が真に信用ある人なら資金ができぬはずがない」

「畢竟するに老衰とか老耄《ろうもう》とかいうのも、新知識の欠乏を意味するにほかならないと考えた。それゆえに私も老衰とか老耄とかの誹名を被らぬように、常に学び常に新知識の注入に意を用い、さらに斃れてのち已むの決心をもって進んだならば、国家のために微力を尽すことは困難な業ではあるまいと還暦を迎えて考えたのであった」

「みじかしと悟れば一瞬にもたらず、ながしと観ずれば千秋にもあまるは、げに人の一生にぞありける」

渋沢は引き続き大蔵省にいればやがては大蔵卿（大臣）にもなれる地位にあったが、国を富まし国勢を伸張するために進んで実業界に身を投じている。さまざまな分野の偉人館をみたが、渋沢は極めつきの実業人だと感心している。高い志と具体的提案力と優れた実行力を備えた人物である。

その渋沢は人の「信用」こそが、最大の財産であるといっている。何事かをなさんと考える人は、長い間の信用の蓄積こそを第一に心がけるべきだろう。冒頭の言葉の全文は次のようにある。

「限りない資本を活用する資格とは何であるか。それは信用である」

89歳　横山 大観

「人間ができて初めて絵ができる」

横山大観（よこやまたいかん、正字体：大觀、一八六八〔明治元〕年九月一八日〔新暦

一一月二日）―一九五八（昭和三三）年二月二六日）は、常陸国（現・茨城県）出身の美術家、日本画家。戸籍上は八月一九日に誕生。

上野の不忍池に面した、台東区池之端にある横山大観記念館。廊下に飾ってある大観の写真は、和服姿で髭《ひげ》を生やしている。穏やかだが厳しさを秘めたいい顔をしている。横山大観は〝明治〟の始まりに生まれ、昭和に達して没する九〇歳の長寿であった。

もともとは水戸藩士の長男として生まれたが、湯島小学校、府立一中を経て東京英語学校時代に洋画家・渡辺文三郎に出会い、一九歳で画家になることを決心する。二一歳で東京美術学校に入学し、生涯の恩師・岡倉天心校長に出会う。途中、天心とともに五浦で修行をするが、間断なく『無我』『屈原』『迷子』『生々流転』『紅葉』『霊峰不二』（大観ほど富士を描いた画家はいない）などの日本画の名作を生涯描き続けた

四六歳のときに天心の遺志を継いで「伝統と個性を経緯とする応用・発達にあり。新しき古派運動」という創立の精神を持つ日本美術院を再興する。六九歳では第一回の文化勲章を受章、亡くなったときには正三位勲一等旭日大綬章を受けている。天心とは五歳の違いであるが、大観は師の死後四五年の間、日本画を描き続ける。

大観の顔はまことに立派な顔だったらしい。一種の異相であった。大観は作品とともに

風貌も有名だった。「先生のお顔くらい立派な顔貌はめったにないと思っている。厳格で、いささかの俗味なく、端正にして重厚雄大な気宇を持たれるそのお顔はまさに美丈夫というべきである。……まさに堂々たる風格と申すべきである」（堅山南風）、「先生は、元来異相の巨人である。殊に毛髪、眼、鼻に一種の風格が窺われる」（松林桂月）

圧巻は、『四時山水』という絵である。日本美術院創立五〇周年の八〇歳のときの作品で、長巻二六・八メートルの巻物形式の絵である。巻頭には「一切の芸術は無窮をおうの姿に他ならず　芸術は感情を主とす　世界最高の情趣を顕現するにあり」という天心の詩を書いている。この作品は、春の日の出から冬の日没に終わる構成で、風景が四季の変化とともに一日の流れの中に表現されている。そして、この一日の中に日本の絶景──筑波山の春の日の出、富士山、比良山梅林、琵琶湖・竹《ちく》生島《ぶしま》、保津川、清水寺、京都市街、嵯峨野、若草山、高雄（京都）、黄檗山萬福寺《おうばくさんまんぷくじ》、宇治平等院、雨晴《あまはらし》海岸（富山県）、立山連峰の冬の日没という全国各地の名景色を描きながら季節を表現する構想が素晴らしい。

横山大観

大観の芸術に関する言葉を拾ってみよう。

「芸術には眼で描く芸術と、心で描く芸術と、二つある。眼で描く芸術は技術が主になりたがり、心で描く芸術は技術を従とする傾きがあります」

「写生の真意は、その物象の性格と環境と雰囲気とを研究探明してその裏にひそむ性霊を表現するにある」

「形から入って形を棄てよ」

「芸術は創造である。いかなる場合においても模倣はこれを排斥せねばならぬ」

「偉大な人が出たときに初めて偉大なる芸術ができる」

「気韻生動」

「富士を描くということは、富士に映る自分の心を描くということだ」

そして、冒頭の言葉の全文が次だ。

「人間ができて初めて絵ができる。それには人物の養成ということが第一で、まず人間をつくらねばなりません。……世界的の人間らしき人間ができて、こんどは世界的の絵ができるというわけです。……ただ一つ我は日本人であるという誇りをどこまでも堅持してもらいたい」

横山大観は岡倉天心の日本と日本画の思想を、絵画制作の実際に体現し、その後の日本画再興の流れをよくリードした。自身が第一回文化勲章を受章したのを皮切りに数々の文化勲章受章者がこの流れから誕生している。この画家たちは大観の人格主義に大いに影響を受けている。日本人として人物を磨き上げることが優れた芸術の創造につながるという思想を後代にまで植えつけた功績は大きい。

90歳　新村 出
「大器晩成ならぬ小器中成」

新村出（しんむらいずる、一八七六〔明治九〕年一〇月四日—一九六七〔昭和四二〕年八月一七日）は、山口県出身の言語学者、文献学者。京都大学教授・名誉教授で、ソシュールの言語学の受容やキリシタン語の資料研究などを行なった日本人の草分けである。

東京帝国大学文科大学（現・東京大学）博言学科に入学し、金田一京助らとともに学び、首席で卒業し、この年から始まった銀時計を明治天皇から授与されている。東大助教授、京大助教授、留学後教授になり学位を得ている。

人口に膾炙《かいしゃ》しているのは、『広辞苑』の編集者としてである。「一通りはわからないことはないようにしたい」という考え方のもとに、語源に加え語史にも力を入れた。

『広辞苑』は五〇〇万部売れた。「『広辞苑』によれば……」とよく引用される国民的辞書となった。現在では、時代とともに進化し、CD＝ROM版『広辞苑』も登場してきた。『広辞苑』は今も生き続けている。

三浦しをん著の『舟を編む』（光文社刊）という小説を読んだ。作品中で語られるのは、一五年の歳月をかけて『大渡海』という辞書を作りあげる経緯だ。それが完成したとき、壮大なプロジェクトを一緒に戦った仲間たちは、「俺たちは舟を編んだ。太古から未来へと綿々とつながるひとの魂を乗せ、豊穣なる言葉の大海をゆく舟を」と振り返る。素晴らしい物語だった。

新村出

この辞書を編むという難事業に挑戦し、成功させた偉人の一人が新村出だ。「私は中ぐらいを愛するんです」と新村は言っている。

器の小さい自分は中ぐらいの仕事でいいという考えなのだ。気負いがなくて好感がもてるが、本人の謙遜とは裏腹に成した業績は偉大だ。

89歳　親鸞

「善人なおもて往生をとぐ、いわんや悪人をや」

親鸞（しんらん、一一七三〔承安三〕年四月一日―一二六二〔弘長二〕年一一月二八日）は、鎌倉時代前半から中期にかけての現在の京都市日野生まれの僧。浄土真宗の宗祖とされる。

主著『教行信証《きょうぎょうしんしょう》』（正式には『顕浄土真実教行証文類』）には、「苦しみを抜くことを

『慈』といい、楽しみを与えることを『悲』という」「どんな徳もすべて具《そな》えているものを涅槃《ねはん》といい、どんな道にもすべて通じているものを菩薩《ぼさつ》と名づけ、どんな智もすべて収めているものを仏陀と称するのである」とある。

幕府が念仏禁止の挙に出たため、二〇年を過ごした常陸国小島《おじま》（現・茨城県下妻市）を捨て京都に帰る。このとき六二歳。このあとさらにおよそ三〇年という寿命を生きる。七五歳で『教行信証』を完成、七六歳で『浄土和讃』と『高僧和讃』、八五歳ごろに最後の『正像末和讃《しょうぞうまつわさん》』を書いている。六〇代の初めはやっと人生の峠を越えたばかりであり、その後の三〇年近くは著書の執筆に膨大なエネルギーを注いでいることにも驚く。

宗教家の没年齢という資料がある。イエス三一歳。フランシスコ・ザビエル四六歳。一遍五〇歳。道元五三歳。カリヴァン五五歳。最澄五五歳。日蓮六〇歳。空海六一歳。マホメット六二歳。ルター六三歳。孔子七三歳。法然七八歳。仏陀八〇歳。親鸞八九歳。親鸞は世界でもまれな長寿であった。

親鸞の他力本願と日蓮（一二二二―一二八二）の法華信仰とは正反対の教えである。浄土は死後にあるとし、ひたすら南無阿弥陀仏を唱えよという真宗。この世を浄土にしようと願い、南無妙法蓮華経を唱えながら現世の改革にあたろうとする日蓮宗。宮沢賢治とそ

親鸞

の父の相克はこの点にあった。

親鸞の「善人なおもて往生をとぐ、いわんや悪人をや」という悪人正機説の悪人とは、庶民、つまり小人と考えればよくわかるように思う。君子はもちろん浄土に行ける。そして小人も仏によって救われる。小人を救えない仏教などに意味はないという絶対平等の思想である。キリスト教に近い。浄土の真実の心を意味する浄土真宗は、国家鎮護の仏教から庶民を救う仏教への一大宗教革命であった。

88歳　葛飾　北斎
「神妙に達するのは一〇〇歳あたりだろうな」

葛飾北斎（かつしかほくさい、正字：北齋、一七六〇〔宝暦一〇〕年九月二三日〔新暦一〇月三一日〕？—一八四九〔嘉永二〕年四月一八日〔新暦五月一〇日〕）は、江戸時代後期の浮世絵師。化政文化を代表する一人。

後世への影響は大きく、まず葛飾派の祖。初め勝川春章に師事して役者絵・美人画・絵本・挿絵などを描き、さらに狩野派、土佐派、琳派や中国風、洋風の画法を修める。人間や自然を厳しく探求し、構成的で力強く、動きのある筆法により、人物画や風景版画に独自の画境を達成。その影響はフランスの印象派にまで及んだ。代表作『北斎漫画』『富嶽三十六景』『千絵の海』など。

「この世は円と線でできている」「来た仕事は断わるんじゃねえ」「たとえ三流の玄人でも、一流の素人に勝る」

大胆な構図を得意とした北斎に対し、「江戸のカメラマン」と呼ばれた歌川広重（一七九七—一八五八）は写生的な作風だ。北斎と広重という二人のライバルは、作風、画名の考え方、生活のレベル、主観と客観、弟子の多少、死への考え方など、対照的な人生を送っている。広重は三七歳年下で六一歳で死去。北斎は八八歳。

北斎が代表作『富嶽三十六景』に取り組み完成し大評判をとったのは、大病が癒えての

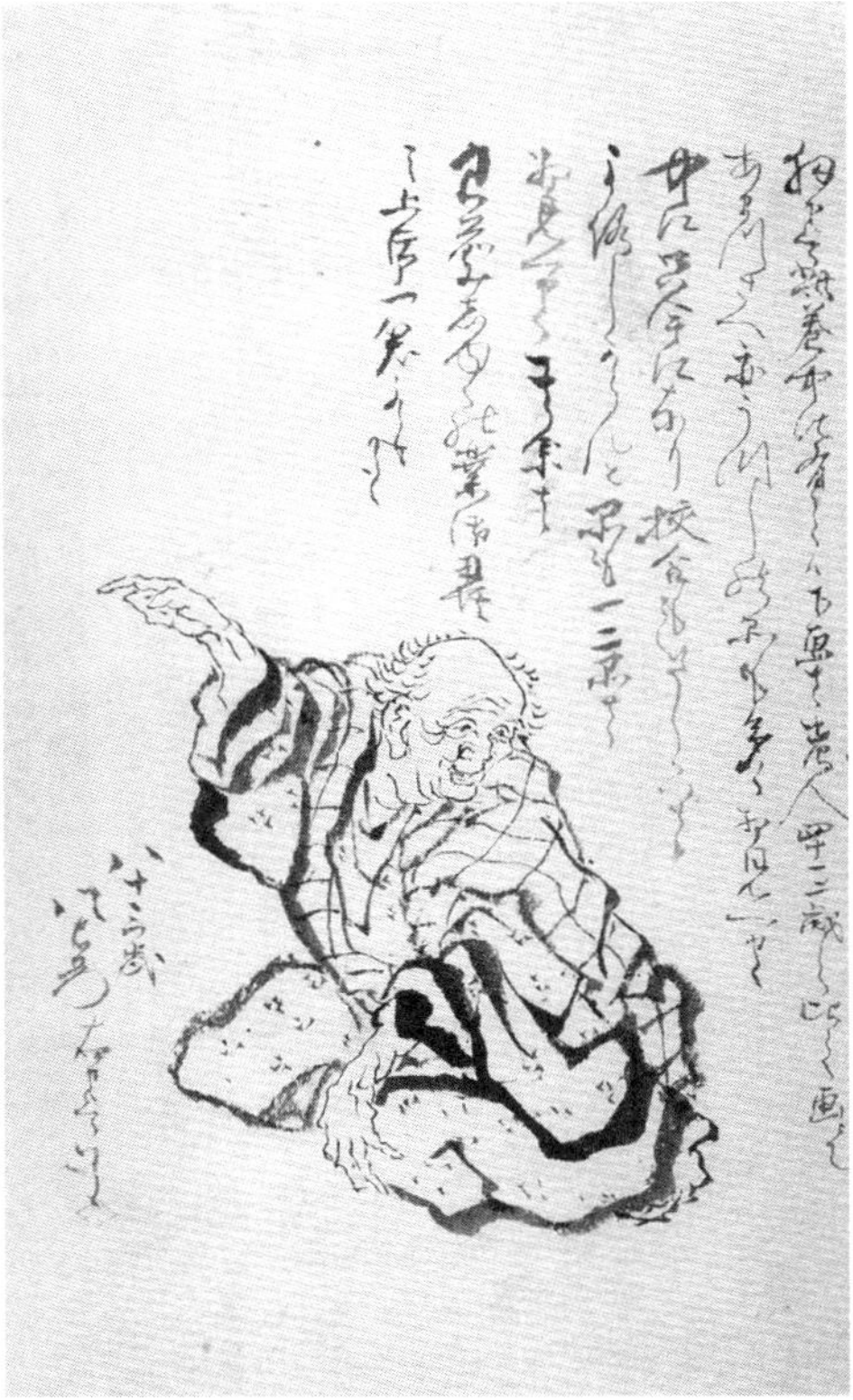
葛飾北斎（自画像）

ちの七〇歳を過ぎてからだった。「毎日、獅子図を描くのを日課にしている。毎日、描く、これが大事なのだ」と北斎は語り実行した。一つの道に精進する人にとって、長寿には大きな意味があることがわかる。

冒頭の言葉の全文は、次のようにある。

「俺が七〇になる前に描いたものなんぞ、取るに足らねぇもんばかりだ。七三を超えてようやく、禽獣虫魚の骨格、草木の出生がわかったような気がする。だからせいぜい長生きして、八〇を迎えたらますます画業が進み、九〇にして奥意を極める。ま、神妙に達するのは一〇〇歳あたりだろうな。〝百有十歳〟にでもなってみろ。筆で描いた一点一画がまさに生けるがごとくになるだろうよ」

第二章　負けず嫌い

100歳 土屋 文明

「我にことばあり」

土屋文明（つちやぶんめい、一八九〇〔明治二三〕年九月一八日〔戸籍上は一月二一日〕―一九九〇〔平成二〕年一二月八日）は、群馬県出身の歌人、国文学者。

文明という名前は、日清戦争を経て日本という国がナショナリズムへと大きく旋回する曲がり角の時代で、明治の文明開化の落とし物のような命名であった。

土屋文明は、歌人であるとともに、『万葉集』の研究者でもあった。文献研究とフィールドワークがその方法でもあった。ライフワーク『万葉集私注』は『万葉集』二〇巻四五〇〇余首の注釈。それまでの学説を踏まえた実証的な研究の上に、歌人らしい鋭い創見を随所に見せた画期的な本である。

足かけ八年、仕事に取りかかってから一三年を費やしている。「この私注の最終巻の後記を記すにあたって、事が終ったというよりは、むしろここから出発が始まるような心持ちでいる。……」という心境になったという。

その後も補正の執筆は生を終えるまで続く。三度改版を重ねている。一九五三（昭和二八）年にはこの功績で芸術院賞を受賞している。「鉄ペンも得難き時に書き始め錆びしペンの感覚今に残れり」

また、もう一つのライフワーク『万葉集年表』は三六歳で着手し、完成は実に文明九〇歳の春である。

短歌結社誌『アララギ』の中興は、土屋文明の企画力と組織力に負うところが大きかった。文明は頻繁に地方アララギ歌会へ出席する。それが人的交流の場を生み組織の拡大につながっていった。このあたりは私が理事長を務めるNPO法人知的生産の技術研究会の運営に参考になる。そして、文明は一九二九年には私の故郷の中津にも出かけている。

土屋文明

土屋文明は、生涯の転機に、常にいい人に出会っているという印象がある。一九八六（昭和六一）年、九五歳で同郷の中曽根総理から文化勲章をもらっている。

「垣山にたなびく冬の霞あり我にことばあり何か嘆かむ」は、敗戦直後に疎開先の自らを励ました歌だ。尊敬する先輩の斎藤茂吉は沈黙を余儀なくされた悔恨を詠んでいるのだが、文明は自分には滅びることのない「ことば」、つまり短歌がある。今からはそれを縦横に使える時代がきたこと。何を嘆くことがあろうか、と確信に満ちた宣言をしている。


「本来の仕事である日本文化向上のための仕事をどんな形で実行していったらよいか」

「作歌は我々の全生活の表現であって、短歌の表現はただちにその作者その人となる」

「この新しい事態を諸君がいかに実践しているか、その生活の真実の表現をこそ我々は聞かむと欲しているのである。そこにまだ短歌として開拓されない、広い分野があるように私は思う」

「世の動きに無関心でいるという意味ではない。実は運動や討論よりももっと根本的なところにかかわろうとするからである」

「生活と密着な文学として短歌は滅びない。実際短歌は生活の表現というのではもう足りない。生活そのものというのが短歌の特色。……その少数者は『選ばれた少数者』の文学。……」

「現実主義（リアリズム）ということに尽きる」などと、文明は力強い主張をして同学の人々を励ました。そして、一〇〇歳と二ヵ月という長寿をもって、一筋に精進を重ねた。この人は一〇〇歳時代のモデルである。

（99歳）高橋　荒太郎

「機会があれば何度でも経営方針の話をします」

高橋荒太郎

高橋荒太郎（たかはしあらたろう、一九〇三〔明治三六〕年一〇月一九日—二〇〇三〔平成一五〕年四月一八日）は、香川県出身の昭和時代の経営者。

小学校卒業後、商店で丁稚として働きながら神戸商業補習学校を卒業。朝日乾電池に入り、常務。業務提携先の松下電器（現・パナソニック）に途中入社し、専務・副社長を経て、会長。松下幸之助の片腕として、フィリップス社との提携、経営管理体制の整備に努めた。
　戦後のベンチャーから始まり、日本を代表する大企業となったリーダーには彼を支えるサブリーダーがいた。たとえば、ソニーの創業者である井《い》深《ぶか》大《まさる》には盛田昭夫がいた。本田技研工業の創業者・本田宗一郎には藤澤武夫がいた。同じように松下幸之助には高橋荒太郎がいたのである。
　高橋荒太郎が言うように、リーダーは、方針について繰り返し語り続けねばならない。繰り返し聞きながら、少しずつ理解が増していく。冒頭の言葉の全文は次のようにある。

「私は機会があれば何度でも経営方針の話をします。なぜなら、経営方針というものは、一度聞いただけではわからず、何回も何十回も聞いてわかるものだからです」

　そのつど、腑に落ちる部分が違う。自分の仕事や社会の動きのなかで、自分の組織と自身の立ち位置が明らかになり、次第に確固たる信念として固まってくる。逆境を迎えたとき、その確信がよりどころとなるのだ。「松下電器の大番頭」と呼ばれた高橋荒太郎は、「会社を訪問したらトイレを見る。トイレが汚かったら、取引はしない」とも言う。そういった人柄に心酔する人は今も多い。

98歳 宇野 千代
「病気の話をするのはやめにしましょう」

宇野千代（うのちよ、一八九七〔明治三〇〕年一一月二八日—一九九六〔平成八〕年六月一〇日）は、大正・昭和・平成にかけて活躍した山口県出身の小説家、随筆家。多才で知られ、編集者、着物デザイナー、実業家の顔も持った。作家の尾崎士郎、北原武夫、画家の東郷青児など、多くの著名人との恋愛・結婚遍歴を持ち、その波乱に富んだ生涯はさまざまな作品の中で描かれている。

宇野千代

「東郷青児という男が、巴里《パリ》帰りの有名な画家で、つい最近、情死事件を起こしたことは……誰知らぬものはなかった」

「私と青児とはある街角の喫茶店の前で出会い、そのまま青児の家へ行って、一緒に寝たのであった。……そして私は、翌日も翌々日も、その家から帰らないで、そのまま、青児の家で一緒に暮らしたのであった……」

「私はそれまでの、着物一点張りの習慣をがらりとやめて、巴里直輸入ばかりの洋服ばかりを着るようになった」

「机の前に座ることが大切なのだ。机の前に座って、ペンを握り、さア書くと、言う姿勢をとることが大切なのである」

「能力というものは、天与のものではなく、自分でつくるものである」

「『祖母は一〇〇歳になっても、まだ、先のプランがいっぱいあった。それが祖母の命を支えた』と、孫が述懐している」


「病気の話をするのはやめにしましょう」という冒頭の言葉は、女流小説家の集まりで、リーダー格の宇野千代が発した言葉だと曾野綾子が語っている。やはり未来のプランを多く持っていた人の言葉らしい。これはさまざまな集まりが楽しくなる秘訣だと共鳴する。

常に次のプランを持っておきたいものだ。

（98歳）吉田　秀和
「自分のいるところから見えるものを……書く」

吉田秀和（よしだひでかず、一九一三〔大正二〕年九月二三日―二〇一二〔平成二四〕年五月二二日）は、東京府（現・東京都中央区）出身の音楽評論家、随筆家。

亡くなるまで精力的に活動した吉田秀和は、音楽評論の第一人者で熱烈なファンが多い。その学びの履歴を眺めるとその幸運を思わずにはいられない。小樽中学校で伊藤整に英文法と英作文を教わる。ヴィオラを弾く小林多喜二が自宅を訪れる。旧制高校時代は、中原中也にフランス語の個人教授を受ける。小林秀雄や大岡昇平と交遊。――という具合である。結果として独・仏・英語に通じた。特にドイツ語とフランス語の訳書が多い。

吉田秀和

「平易な言葉で奥深いことを伝える事が大切なのだ」

「私の批評は、私の文章を読むのが好きな人が読めばよい。いろいろな声があるんだ。いろいろな声があれば、自分の声がすべてを代表するなんて考える必要はない」

一つだけ、演奏の批評を記そう。

「石のような金属のような響きから絹のような音までピアノから奏し出せる人。彼女がピアノを弾くときピアノは管弦楽に少しも劣らないほどさまざまの音の花咲く庭になる」

来日した著名なホロヴィッツの演奏についてては、

「なるほどこの芸術は、かつては無類の名品だったろうが、今は……最も控えめにいっても……ひびが入ってる……それも一つや二つのひびではない」

と真実を語り話題になった。

一九四八年には齋藤秀雄らと「子供のための音楽教室」を開設した。この一期生には小澤征爾、中村紘子、堤剛などがいる。この教室はのちの桐朋学園音楽部門の母体となった。吉田は音楽分野の優れた才能を見いだした人でもあった。小澤征爾は、吉田の死去に際して「私の恩人の中の恩人、大恩人です」と感謝と哀悼の意を表している。

吉田の音楽、文芸、美術の評論、翻訳などの仕事は豊かでレベルが高い。それは六〇代初めの一九七五年の大佛《おさらぎ》次郎賞以来、紫綬褒章、勲三等瑞宝章、ＮＨＫ放送文化賞、朝日賞、読売文学賞、文化功労者、文化勲章などを受け続けたことに表われている。

「芸術は手仕事で成り立っている」と喝破した吉田秀和は、自分のいる場所から見える世界の奥深い真実を、誰にでもわかる平易な言葉で書くという自分自身の方法論を貫いた。一一歳年上の文芸評論の大家・小林秀雄は、吉田をライバル視していた、という。それほど吉田の蓄積と慧眼と筆力が優れていたという証拠だろう。冒頭の言葉の全文は次のようである。

「自分のいるところから見えるものを、自分の持つ方法で書くという態度は、変わらずにきたつもりである」

95歳 鈴木 大拙
「成長はまた常に苦痛をともなう」

鈴木大拙（すずきだいせつ、一八七〇〔明治三〕年一〇月一八日〔新暦一一月一一日〕―一九六六〔昭和四一〕年七月一二日）は、石川県出身の宗教家、禅宗僧侶。禅についての著作を英語で著し、日本の禅文化を海外に広くしらしめた仏教学者（文学博士）でもあり、禅の研究を通して東洋の思想を世界に伝えた人物で知られる。存命中の一九六〇年発行の『ライフ』で「世界に現存する最高の哲学者は誰か」という世論調査で圧倒的多数で鈴木大拙が選ばれている。

大拙の最終学歴は「中卒」である。在籍した第四高等中学校（現・金沢大学）、東京専門学校（現・早稲田大学）、帝国大学文科大学（現・東京大学）は、いずれも中退しているからだ。四高時代には、西田幾多郎（哲学者）、山本良吉（武蔵高校の創設校長）、藤岡作太郎（国文学者）と巡り合っている。また、大拙は安宅産業を起こした安宅弥吉が献身的な支援を惜しまなかったこともあり、紆余曲折を経て世界的人物になった。

のちに石川県専門学校（初等中学科）時代に数学教師であった北条時敬は、欧州滞在中の大拙と会う。北条は「実に堅忍勉学、身を立てたる人物」といい、「学生時代には優秀人物に非ザリシニ」と書いている。大拙は年齢を重ねるごとに大きくなっていった遅咲きの人であった。

「アーチスト・オブ・ライフ」

これは、生きるということの芸術家という意味だ。芸術家は表現をするための道具が必要だが、誰もが持っている肉体を素材とし、道具とし、生活の中に表現することは誰でもできる。それが人生の芸術家であり、自らの日常生活を芸術品に仕上げていくのが理想である。

鈴木大拙

苦痛とは天の意志である。苦しめば苦しむほど人格は深くなり、その深まりとともにより人生の秘密が読み取れる。苦しみと悲しみが深くなければ真実の人生を味わうことはできない。苦痛とは成長のことである。

94歳

丸木 位里

「腹が立たなくなったら人間おしまい。生ける屍です」

丸木位里（まるきいり、一九〇一〔明治三四〕年六月二〇日―一九九五〔平成七〕年一〇月一九日）は、日本画家。妻・丸木俊と共作の『原爆の図』が有名。

長じて上京し、川端龍子に師事し、日本南画院、青龍社に参加。一九四〇年から一九四六年まで美術文化協会展に出品。一九四一年、洋画家の赤松俊（丸木俊）と結婚した。原爆投下で広島に移住していた実家の家族の安否を気遣い、俊とともに救援活動を行ない、この体験をもとに、俊と協働で『原爆の図』を発表するとともに絵本『ピカドン』を刊行し、以後、原爆をテーマとする絵画を描き続けた。

水墨の名手丸木位里と力強いデッサン家丸木俊の原爆の図丸木美術館で、一五部の屏風図の連作を観た。墨一色の画面に、必要に応じて紅を使う。アウシュビッツ、南京大虐殺、水俣病、原発、三里塚などの図も展示されている。惨劇の迫力に感じ入る。

夫婦そろって一九九五年のノーベル平和賞候補に擬せられている。一九九六年には朝日

丸木位里

賞を受賞。冒頭の言葉の全文は、次のようだ。
「人間、腹が立つこと、これじゃいけんと思うこと、いっぱいあるでしょう。日々、それと闘うことで、死ぬまで生きていける。腹が立たなくなったら人間おしまい。生ける屍です」

「怒り」こそが生きるエネルギーだ。腹を立てよう！

（93歳）水木　しげる
「好きな道で六〇年以上も奮闘して、ついに食いきった」

水木しげる（みずきしげる、一九二二〔大正一一〕年三月八日―二〇一五〔平成二七〕年一一月三〇日）は、鳥取県出身（出生は大阪市）の漫画家。文化功労者、傷痍軍人。代表作の『ゲゲゲの鬼太郎』『河童の三平』『悪魔くん』などを発表し、妖怪漫画の第一人者となる。

三〇代の初めに「知的生産の技術」研究会で『私の書斎活用術』（講談社刊）という本を出したことがある。私はこのプロジェクトの責任者でもあったが、一六人の著名人の書斎を訪問してまとめた。

このとき、調布の水木さんの自宅を二度訪問している。確かお寺の墓場の隣に家があった。そのお墓をバックに楽しい話を聴かせてもらったが、そのとき「この人は本当は妖怪なのではないか」という疑問が頭をかすめたことを思い出す。本人は歯が抜けているのにいつもガーッと笑っている。

書斎には、妖怪を新しく生み出すための資料棚があって、「どうやって妖怪をつくるのですか？」と聞くと、「妖怪と妖怪を組み合わせる」と答えてくれた。異質なもの同士の融合。これは、紛れもなく知的生産である。

「筋を考えるのが漫画家の生命線です。……売れなかった時代でも、原稿料の大半は、漫画の筋を考えるのに役立ちそうな本とか、妖怪の作画のための資料とかを買い込むのに使っていました」

「妖怪をリアルに再現するためには、表情、動作、背景などを入念に描き込まないといけない。資料を探し、文献を読み、想像力を働かせる必要もあって、総合力で作画に取り組まないといけない……」

「水木しげるの幸福の七ヵ条」というものがある。

・成功や栄誉や勝ち負けを目的に、ことを行なってはならない。
・しないではいられないことをし続けなさい。
・他人との比較ではない、あくまで自分の楽しさを追求すべし。
・好きの力を信じる。
・才能と収入は別、努力は人を裏切ると心得よ。
・怠け者になりなさい。
・目に見えない世界を信じる。

さて、水木しげるは好きな漫画の道で一生を食い切ったと述懐している。漫画家になろうとしたとき、すでに同世代の手塚治虫は大スターだった。水木はひそかに手塚をライバルとして

水木しげる

妖怪漫画を描き続ける。資料を買い込み、想像力を働かせ、自転車操業を続けた。そして難しいこの道で食い切った。漫画を描くことはまぎれもなく総合力の必要な知的生産であり、参考にすべきことが多い。

(92歳) 森 光子
「あいつより、うまいはずだが、なぜ売れぬ」

森光子（もりみつこ、一九二〇〔大正九〕年五月九日—二〇一二〔平成二四〕年一一月一〇日）は、京都府出身の女優、歌手、司会者。

最初の結婚は日系二世の米軍人。入籍後一週間で別れ、ハワイに行かなかった。二度目の結婚は映画監督・テレビドラマ演出家の岡本愛彦《よしひこ》。四年で離婚。家庭と女優の選択で、森光子は女優を選んだ。

林芙美子の自伝的小説『放浪記』（新潮文庫）を原作としての舞台化は、菊田一夫脚本により、初演以来、森光子が八〇歳を超えてなお演じ続けて「でんぐり返し」で話題になった。

こけら落としは一九六一（昭和三六）年の芸術座である。その後、林芙美子生誕一〇〇周年の二〇〇三年時点で一六〇〇回という公演回数であり、二〇〇九年五月九日の森光子の八九歳の誕生日には二〇〇〇回を達成。最終的には森光子主演では二〇一七回という途方もない通算上演記録となった。一人の役者が主演し続けた舞台としては最長である。

このため、森光子は体力を維持するためにヒンズースクワットを毎日一五〇回こなしていた。努力家でもあった。

「幸せはいつも目の前でユーターンする」とも言っていた脇役であり、演技のうまさにおいては定評があったものの、売れるまでに時間がかかった。

森光子

しかし、年月を重ねるなかからしだいに頭角を現わしていき、最後はライフワーク『放浪記』での大記録を達成し、国民的女優に変身していった森光子の生涯には学ぶべきものがある。

90歳 福田 赳夫

「総理・総裁は推されてなるもの」

福田赳夫（ふくだたけお、一九〇五〈明治三八〉年一月一四日―一九九五〈平成七〉年七月五日）は、群馬県出身の大蔵官僚、政治家。位階は正二位。勲等は大勲位。東大卒。大蔵省主計局長を経て政界入り。蔵相・外相などを歴任し、一九七六（昭和五一）年に首相。

福田赳夫と同じ一九〇五年生まれは、片岡球子、大河内一男、田辺茂一《もいち》、阿部定、臼井吉見、サルトル、入江相政《すけまさ》、水谷八重子（初代）、円地文子、平林たい子、入江泰吉、浪越徳治郎、島田正吾……。全員が同時代とは思えないのは、亡くなった年齢のせいだ。やはり、没年が重要である。

書架に一〇〇冊以上の小さなノートが並んでいた。政治家になってからの折々のメモの集積である。その福田メモが日経新聞の「私の履歴書」の骨格になった。

福田は、造語の名人だったように記憶している。次のようなものがあった。「総理でなくても仕事はできる」「昭和元禄」「日本経済は全治三年の重症」「福田ドクトリン」「視界ゼロ」「狂乱物価」「日々是反省」「さあ働こう内閣」「身を殺して以て仁を為す。是上州人」「明治三十八歳」「掃除大臣」

そして、冒頭の言葉の全文は次のようにある。

「総理・総裁は推されてなるもので、手練手管の限りを尽くしてかき分けてなるものではない。いずれ近い将来、日本国がこの福田赳夫を必要とするときがかならずやってくる」

福田赳夫

自民党総裁選で田中角栄に敗れたときの言葉である。天命観と自負心が垣間見える。その後、三木武夫の後を受けて一九七六年に七一歳で総理に就任する。そして田中派が支持する大平正芳に敗れたときには、

「民の声は天の声というが、天の声にも変な声もたまにはあるな、と、こう思いますね」

とも語っている。味のある発言が多い政治家だった。

90歳 武者小路 実篤

「龍となれ　雲自ずと来たる」

武者小路実篤（むしゃこうじさねあつ、一八八五〔明治一八〕年五月一二日―一九七六〔昭和五一〕年四月九日）は、東京府（現・東京都千代田区）出身の小説家、詩人、劇作家、画家。

武者小路実篤という名前は、「白樺派」という美しい名前とともに私たちの世代にとっては、あこがれの対象だった。一九七六〔昭和五一〕年に九〇歳で没するまで『私の美術遍歴』を最後に、著書を刊行し続けてきているから、私が高校生から大学生の間、同時代にこの人の本を読んでいたということになる。

二三歳の処女出版『荒野』から数えて六七年間、作品は六三〇〇を上まわるというから、長寿で仕事を続けているということは凄いことだと改めて感じた。

最初の単行本は一九〇八年で、一九五九年の七四歳までに五〇年たっているが、その間に、戯曲一一七編、短編小説一三一編、中編ないし長編二六編、伝記小説九編、感想、随筆、詩集など九三編、著書の総数は五〇〇冊とある。

「武者小路実篤　この人は小説を書いたが小説家という言葉で縛られない哲学者思想家ないし宗教家といってもそぐはない　そんな言葉に縛られないところをこの人は歩いた」と、中川一政が書いた「この人」という詩がよく実篤の歩みを表わしていると思う。

子爵であった父・実世は実篤が数え年の三つにならないうちに「この子をよく育ててくれる人があったら！　この子は世界に一人という人間になるのだが」と言ったという。

この大それた予言を知らされた実篤は、

「陸軍大将になっても始まらない」

「総理大臣になると思ったこともあったが、それも総理大臣が最後の目的ではなかった。自分はもっと大きい空想家だった。伊藤さんや山縣さんになっても始まらないと思っていたのだ」

そして、

「アフガニスタンの王様になるくわだてをしたものだった」

「世界に一人という人間」

武者小路実篤

「世界に一人というおもしろい人間」であり、その人間がさまざまの形としてこの世で仕事をしたということだろうか。

七〇歳で越した「仙川の家」の跡は、今では実篤公園となっており、記念館でこの人を偲ぶことができる。この家での生活は二〇年間も続いたのである。

武者小路実篤の一生をみると、多くの人を巻き込みながら「新しき村」などの新企画を断行し、常に世間の耳目をひいている。その実篤はアフガンの王様にはならずに、風雲を呼ぶ龍となったのである。

第三章　あきらめない

103歳 片岡 球子

「絶対にやめないで続ける……やれば必ず芽が出ます」

片岡球子（かたおかたまこ、一九〇五〔明治三八〕年一月五日―二〇〇八〔平成二〇〕年一月一六日）は、北海道出身の昭和・平成時代に活躍した日本画家。

一〇三歳という長寿の画家・片岡球子は一月一六日に天寿を全うした。鮮烈な色彩、大胆な造形、力強い筆致、自由奔放さ、そういった形容がこの人にはふさわしい。

球子は三〇代の頃に小林古径から「あなたはゲテモノに違いない。しかしゲテモノと本物の差は紙一重。どこまでも描いてゆきなさい」と言われた。

ゲテモノとは下手物のことで、風変わりな珍奇なものを意味する。「落選の神様」と自らを嘲笑していた球子は、作風を変えずに絵を描き続ける。そして独特の画風を完成させる。私は富士山を描いた賑やかな絵が気に入っている。

二〇〇八年に亡くなっているから、同時代の画家という感じがするが、同じ一九〇五年生まれを挙げてみよう。

大河内一男、田辺茂一、阿部定、臼井吉見、サルトル、入江相政、水谷八重子、円地文子、平林たい子、入江泰吉、浪越徳治郎、島田正吾、そして前章で挙げた福田赳夫がいる。すでに皆歴史上の人物として記憶にある人たちだ。生きた時代が違う感がある。やはり生年よりも没年が大事なのだ。

球子の年譜を眺めてみると、やはり長寿の凄味を感じる。

六八歳で愛知県立芸術大学を定年となってからも三五年の現役であった。最高峰である文化勲章をもらってからもなお二〇年近くの人生があった。その間、第一線の画家として仕事に立ち向かう。定年を機に始めた教官と卒業生の会での法隆寺金堂壁画模写も約二〇年かけて完成させていることに驚く。

片岡球子

始めたものは「絶対にやめないで続けること」という片岡球子のアドバイスは重みがある。

冒頭の言葉の全文は、次のようなものだ。

「最初は下手でも結構。でも絶対にやめないで続けること。やれば必ず芽が出ます」

102歳 北村 西望

「たゆまざるあゆみおそろしかたつむり」

北村西望（きたむらせいぼう、一八八四〈明治一七〉年一二月一六日―一九八七〈昭和六二〉年三月四日）は、長崎県出身の彫刻家。

北村西望は日本を代表する彫刻家である。『長崎平和祈念像』が代表作。ほか『若き日の織田信長像』『熊谷之次郎直實像』などがある。

七四歳で文化功労者と文化勲章を受章しているが、それから三〇年近くの人生があった。この間、島原市名誉市民、日展名誉会長、南有馬町名誉市民、名誉都民、長崎県名誉県民とさまざまな名誉を受けている。これほど「名誉」のついた肩書の人も珍しい。業績もさることながら、長寿のなせる業だろう。

北村は、自分は天才ではないと自覚していた。だから他人が五年でできることを一〇年かけてでもやる、という決意で仕事に立ち向かっていった。

「何度負けてもいい、のんきにじっくりとやれば必ず勝つ日がきます」

最後は、こういう人が遠くまで行くのではないか。

自分はうさぎではなく亀である、と自覚する人はいる。しかし、自分を動いているかわからないような、あのかたつむりになぞらえる人は聞かない。ここに北村の業績の秘密がある。

北村西望

101歳　奥村　土牛

「芸術に完成はありえない」

奥村土牛（おくむらとぎゅう、一八八九〔明治二二〕年二月一八日―一九九〇〔平成二〕年九月二五日）は、現代の代表的な日本画家の一人。

まず、歩みを追ってみよう。

一六歳、梶田半古の画塾に入門
二三歳、逓信省為替貯金局統計課に五年間勤務
二八歳、父より土牛の号をもらう
三一歳、二年間小林古径の画室に住み込む
三四歳、関東大震災で自宅焼失
三八歳、院展に初入選
四〇歳、古径の媒酌により結婚
四三歳、日本美術員同人
五五歳、東京美術学校講師
五九歳、武蔵野美術大学講師
六〇歳、女子美術大学教授
六二歳、武蔵野美術大学教授
六四歳、多摩美術大学教授
七〇歳、日本美術院理事
七三歳、文化勲章受章

八九歳、日本美術院理事長
一〇一歳、日本美術院名誉理事長、長野県に奥村土牛記念美術館、永眠

父が土牛という名前をつけた。奥深い村で、牛が土を耕す風景。

「石ころの多い荒地を根気よく耕し、やがては美田に変えるように、お前もたゆまず画業に精進しなさいとの意味がこめられていたのだと思う」
「今日私の座右の銘としている――絵のことは一時間でも忘れては駄目だ――という言葉は、そのころ先生（小林古径）からいただいたものです」

奥村土牛

日本美術院の院展への初入選が三八歳。代表作の多くは還暦後という遅さである。
八五歳で書いた自伝のタイトルは『牛のあゆみ』というから徹底して、名前そのものの人生を歩んだ人だ。大器晩成とはこの人のためにあるような言葉

だ。永遠の未完成のまま生涯を終わる。大いなる未完成、それが理想ではないか。冒頭の言葉の全文は次のようにある。

「芸術に完成はありえない。夢はどこまで大きく、未完成で終わるかである」

101歳 三浦 敬三
「好きなことだけ自然体で続ける」

三浦敬三（みうらけいぞう、一九〇四〔明治三七〕年二月一五日―二〇〇六〔平成一八〕年一月五日）は、青森県出身のプロスキーヤー。

前坂俊之著『百寿者百語　生き方上手の生活法』（海竜社刊）には、一〇〇歳という長寿を超えた人々の言葉が載っている。主題が近しく、ここで本書掲載の人たちとの重なりがないようにしつつ抽出してみよう。

・泉重千代（一二〇歳）「お天道さまと人間は縄で結ばれている。万事くよくよしない、腹七、八分の長寿一〇訓」
・中村重兵衛（一一六歳）「長生きの秘訣は『食・心・動』」
・蟹江ぎん（一〇八歳）「人間、大事なのは気力。朝ごはんを美味しく食べる」
・南光坊天海（一〇八歳）「長命には粗食、正直、湯、陀羅尼、御下風あそばさるべし」
・大西良慶（一〇七歳）「『人間おおむね漸機と頓知』近道を考えて大怪我をする。ゆっくりしいや、死ぬことなんか考えないの」
「『ありがとう』というて生きることが極楽なの」
・近藤康男（一〇六歳）「『活到老』『学到老』、七〇歳は一生の節目」
「簡単な健康法を続ける」
・物集高量（一〇六歳）「神経は細やかすぎず粗すぎず、中間の神経でいけ」
「恋ってのは長生きするには一番いいものですよ」
・今岡信一良（一〇六歳）「六〇歳までは準備期間、六〇歳からが本当の人生」
・大宮良平（一〇六歳）「何も考えずに走ってみる、歩いてみなさい」
・塩谷信男（一〇五歳）「常に前向きに考え、感謝を忘れず、愚痴をいわない」

「一〇〇歳は長寿ではなく人寿、それから長寿、天寿」
・小倉遊亀（一〇五歳）「老いて輝く、六〇代までは修業、七〇代でデビュー」
・小林ハル（一〇五歳）「すべては神様、仏様のお導き」
・中川牧三（一〇五歳）「好きなことを好きなようにやってきただけ」
・加藤シヅエ（一〇四歳）「一日に一〇回は感謝する、感謝、感動、健康」
「時代の空気を吸って頭を柔らかく」
・飯田深雪（一〇四歳）「毎日を創造する気持ちで過ごす」
・岩谷直治（一〇二歳）「元気の秘密はボウリング。早寝、早起き、体操、読経」
・東久邇稔彦（一〇二歳）「生涯、自由人として生きる」
・高木東六（一〇二歳）「ストレスという毒を腹にためない」
・昇地三郎（一〇一歳）「意欲さえあれば何でもできる。一口三〇回噛み、常に頭を使う」
・奥むめお（一〇一歳）「台所の声を政治に反映させる」
・大野一雄（一〇一歳）「年齢を意識せず好物を食べる」
・内藤寿七郎（一〇一歳）「天職を、ただ一生懸命に」
・岡野喜太郎（一〇一歳）「欲を離れるのが長寿の妙薬。よく働いて倹約する」

・松原泰道（一〇〇歳）「無理、無駄、無精をしない。優しい言葉、笑顔、挨拶を配る」
・小島政二郎（一〇〇歳）「足るを知って分に安んずる」

三浦敬三

そして、一〇一歳の三浦敬三は、「好きなことだけ自然体で続ける」という冒頭の言葉とともに、「年よりの冷や水といわれようが、目標達成に向けた生活をする」という。

驚くべきは、いわば肉体的長寿であり、九九歳でモンブラン山系のヴァレブランシュ氷河からのスキー滑降をなしとげた。一〇〇歳ではアメリカのスノーバードで親・子・孫・曾孫の四世代での滑降を行なって話題を呼ぶ。

そうした活動はすべて、まさに好きなことを自然体で続け、目標達成に向けて生活をし続けてきたからこそできたものだろう。

なお、子の三浦雄一郎は二〇一三年、八〇歳でエベレスト登山をし、最高齢登頂に成功している。

100歳 豊田 英二

「モノの値段はお客様が決める」

豊田英二（とよだえいじ、一九一三〔大正二〕年九月一二日―二〇一三〔平成二五〕年九月一七日）は、愛知県出身の実業家。正三位。勲等は勲一等旭日大綬章。豊田佐吉の甥。八高、東京帝大を経て豊田自動織機製作所（現・豊田自動織機）に入社し、喜一郎宅に下宿し自動車部芝浦研究所に勤務。取締役、常務、専務、副社長を歴任し、一九六七年社長に就任。その後、自工・自販提携まで一四年九ヵ月社長を務める。自工・自販提携を機に豊田喜一郎の長男・章一郎に社長を譲り、会長。一九九二年、名誉会長。一九九九年、最高顧問。

以上の経歴からわかるように、豊田英二は創業期から今日のトヨタの発展を支えた。量産体制を築く一方で、無駄を省くトヨタ式生産方式を確立した。日米自動車摩擦の解決策としてGMとのアメリカ合弁生産を決断するなど、トヨタのグローバル展開の基礎を築き、世界レベルの自動車メーカーに育てた。トヨタ中興の祖である。

二〇〇六年にトヨタ自動車のエンジニアの二人が豊田市から仙台の私の研究室にみえた。彼らの名刺には「愛知県豊田市トヨタ町一番地」と書いてあった。三万人以上の技術者で構成されているトヨタ技術会での講演打ち合わせだ。

過去数年の講演者のリストを見ると、「職人学」の岡野雅行氏、「失敗学」の畑中洋太郎氏、そして「カミオカンデ」でノーベル物理学賞を受賞した小柴昌俊氏、……という錚々《そうそう》たるメンバーだったので驚いた。受講者は技術者、経営者を中心に七〇〇～八〇〇人というから相当大型の講演会である。

このときの私ともう一人の講師は、日本刀の国選定保存技術保持者・玉鋼製造の木原明さんだった。彼らはきっちりした打ち合わせを行なっていったが、トヨタ会館の見学、懇親会などあらかじめ案内者や挨拶するお偉方の名前、そしてスケジュールが分刻みで決まっていて遺漏がない感じがし、トヨタの仕事振りの一端を覗いたような気がした。

豊田英二

「乾いたタオルでも知恵を出せば水が出る」

「人間も企業も前を向いて歩けなくなったときが終わりだ」
「今がピークと思ったら終わりだ」

モノの値段は顧客が決め、それに見合うコストの削減努力が利益を生む。コスト削減はものづくりの根本から考えなおすことで実現する。トヨタ式生産方式そのものを表現した思想であるが、私は豊田英二の人としての歩みに興味を覚える。

豊田自動織機製作所を創業した、伯父である豊田佐吉の長男・喜一郎の薫陶を受けて迷いなく自動車産業の確立に一生を捧げ、「カローラでモータリゼーションを起こそうと思い実際に起こしたと思っている」と述懐するように成功に導き、そして自動車事業に先鞭をつけた創業家の喜一郎の長男・章一郎に社長を譲るという出処進退は見事である。この人の一〇〇年人生は壮麗な大伽藍を思わせる。

冒頭の言葉の全文はこうだ。

「モノの値段はお客様が決める。利益はコストの削減で決まる。コストダウンは、モノづくりの根本のところから追求することによって決まる」

99歳　諸橋　轍次「無理をしない」

諸橋轍次（もろはしてつじ、一八八三〔明治一六〕年六月四日―一九八二〔昭和五七〕年一二月八日）は、新潟県出身の漢字の研究者で大著『大漢和辞典』や『広漢和辞典』（ともに大修館書店刊）の編者。文学博士。東京文理科大学名誉教授。都留短期大学および都留文科大学の（四年制大学としての）初代学長。三男の諸橋晋六は静嘉堂文庫理事長のほか三菱商事社長・会長も務めた。

諸橋轍次

諸橋は小学校の代用教員、師範学校、そして帝大に次ぐといわれていた東京高等師範学校（嘉納治五郎校長）国語漢文科に入学し漢文を学んだ。群馬県師範学校の教諭から高師付属中学で教鞭をとる。そのときに「もともと自分は気のきかぬいなか者だ。いっそこれからは地金を出して真裸でいこう」と決心する。

二七歳から三五歳まで思い出深い教師生活をおくる。三六歳、諸橋は文部省から二年間の中国留学を命ぜられる。経費は岩崎小彌太や渋沢栄一が面倒をみている。帰国後は、岩崎から静嘉堂文庫長を委嘱される。そして東京高師、国学院大学講師になり、五年後には大東文化学院教授、駒沢大学講師を兼任する。

『大漢和辞典』は一九五五年に第一巻が配本、五年後に最終の第一三巻「総索引」が刊行された。開始以来三〇年以上の歳月と、のべ二五万八〇〇〇人の労力と、九億円（時価換算）の巨費を投じた近代有数の大出版であった。

諸橋は一九四四年の朝日文化賞、一九五五年の紫綬褒章、一九六五年の文化勲章、一九七六年の勲一等瑞宝章。大修館書店の鈴木一平は一九五七年に菊池寛賞、一九六六年に勲四等瑞宝章などを受章。この大プロジェクトへの高い評価をうかがうことができる。

〈第一章〉新村出の項で三浦しをん著の『舟を編む』という小説を読んだことを記したが、一五年の歳月をかけて『大渡海』という辞書を完成させる壮大なプロジェクトを語る映画（石井裕也監督、松竹配給〔二〇一三年〕）も観て、その素晴らしい物語に再感動した。辞書の編集という一大事業の苦難と栄光を垣間見ることができるからだ。

さて冒頭の「無理をしない」である。このような事業は無理をしないと完成までには漕ぎ着けないのではないかと思うが、さに非ず。辞書の編集という事業は根気と体力を要する仕事であり、諸橋自身も肺炎、肋膜炎、百日咳、白内障、そして失明同然になっていく。そういう健康状態の中で、使命感にかられながらも、無理をしないで長期戦、持久戦でライフワークに挑んだのである。

九九歳という長寿は、それが正しかったことをうかがわせる。

98歳　蓮沼　門三
「人格が変われば運命が変わる」

蓮沼門三（はすぬまもんぞう、一八八二〈明治一五〉年二月二二日―一九八〇〈昭和五五〉年六月六日）は、明治～昭和時代の社会教育家。福島県出身。東京府師範学校（現・東京学芸大学）卒業。

一九〇六（明治三九）年、社会教育団体「修養団」を設立し、機関誌『向上』を発刊した。愛と汗をスローガンとする「白色倫理運動」を展開。戦後は東京青年文化会館の運営に加わった。著作に『明魂』など。喜多方市名誉市民第一号。人間愛の巨人、社会教育の先駆者と評価されている。

日本の社会教育の源流と言われる「修養団」は、社会の風紀改善、青少年の健全な精神教育を運動の柱に掲げた。渋沢栄一、大隈重信、新渡戸稲造、平沼騏一郎など各界の名士の賛同を得て、戦前の最盛期には団員が一〇〇万人を超える。その活動は三井、三菱、住友といった大財閥の労使協調路線に大きな影響を与えるとともに、戦後も産業界の中に深く浸透し、日本経済の発展を陰から支えたともいわれる。

冒頭の言葉の全文は、次のようにある。

喜多方市に立つ蓮沼門三像

「心が変われば態度が変わる。態度が変われば習慣が変わる。習慣が変われば人格が変わる。人格が変われば運命が変わる」

この言葉は、巨人、ヤンキースで活躍した松井秀喜の座右の銘として知っていた。松井の高校時代の監督や父がかかわっている団体からの影響と漠然と聞いていたが、そのルーツは「修養団」の蓮沼門三だったのだ。松井秀喜の真摯な態度、優れた人格は、この言葉で築きあげられたと説明されれば、さもあらんと納得できる。松井のキーワードは修養だったのだ。心、態度、習慣、人格、運命という連鎖を意識することが、人物を創るということだろう。

97歳 熊谷 守一
「自分を生かす自然な絵を描けばいい」

熊谷守一（くまがいもりかず、一八八〇〈明治一三〉年四月二日―一九七七〈昭和五二〉年八月一日）は、岐阜県出身の画家。

日本の美術史においてフォービズムの画家と位置づけられている。しかし作風は徐々にシンプルになり、晩年は抽象絵画に接近した。

極度の芸術家気質で、貧乏生活を送ったことでも知られる。

そんな、豊島区千早にある熊谷守一美術館には、知的な感じの老夫婦らがゆっくりと訪れていた。この画家がようやく売れ始めたのは一九六四年ごろというから、およそ八四歳時と、随分と貧乏な時代が続く。だが、貧乏を苦にせず、好きな小さな子供と鳥と虫を題材に絵を描いて楽しんで九七歳で没している。

「画壇の仙人」の自然体の暮らし方に共感するファンは多い。

「たとえ乞食になっても絵描きになろう」と画家を志す。「もし神様がいたらこんな姿では」とアイヌが思った絵を描いた。「これ以上人が来るようになっては困る」と文化勲章を辞退した。こういうエピソードは熊谷の人柄と志をよく表わしている。

「自分で何かを考え出したりつくったりするのは平気だし好きなのだが、人のマネというのが不得手なのです」

「絵を描くのは、初めから自分にも何を描くのかわからないのが自分にも新しい。描くことによって自分にないものが出てくるのがおもしろい」

「大好きなのは、世の中にいっぱいあります。特に小さな子供と、鳥と虫には目がありません」

熊谷守一

熊谷守一の好きな言葉は「独楽」「人生無根帯」「無一物」「五風十雨」であり、嫌いな言葉は「日々是好日」「謹厳」だった。この人は自然体の人だった。下品な人、ばかな人、下手な人、それぞれの人にふさわしいものしか描けないから、それに徹せよということか。表現されたものには表現者の姿がうつる。それを突きつめるしかない。

冒頭の言葉の全文は次のようだが、そこに熊谷守一の核心がこもっている。

「自分を生かす自然な絵を描けばいい。下品な人は下品な絵。ばかな人はばかな絵。下手な人は下手な絵を描きなさい。結局、絵などは、自分を出して生かすしかないのだと思います」

95歳 尾崎 行雄

「人生の本舞台は常に将来にあり」

尾崎行雄（おざきゆきお、一八五八〔安政五〕年一一月二〇日〔新暦一二月二四日〕―一九五四〔昭和二九〕年一〇月六日）は、相模国（現・神奈川県）出身の政治家。

尾崎行雄は三つほど年上の犬養毅（一八五五―一九三二）とともに憲政の神様と称せられている。

慶應で学び、福沢諭吉の推薦で新潟新聞の主筆を二〇歳で務めているから才気があったのだろう。大隈重信から気に入られて三九歳で文部大臣、五五歳で法務大臣。一〇年間の東京市長時代は、市街地の改善・整備、上水道拡張事業、下水道の改善、道路の改善・街路樹の植栽、多摩川の水源の調査を行ない、山梨県一之瀬の山奥の広大な山林を、多摩川水源として買収し「給水百年の計」を樹立した。

五一歳では、アメリカ大統領タフト夫人との関係でワシントンに桜の苗木を贈る。一度目は害虫にやられたため、次に三〇〇〇本を贈り、それが現在ワシントンのポトマック河畔を彩る桜に育っている。この桜を見るために一九五〇年、九一歳で訪米を果たし、育った桜を見る機会を得た。

九三歳で書いた『わが遺書』という復刻版の書物を購入して前書きを読んでみると、その気概に心を打たれる思いがする。

太平洋戦争を「おどろくべき無謀、公算なき戦争」と評価し、「こんどこそ方向を誤ってはならない」と考え、後世に残そうと考えた言葉集となっている。

「みすみす日本の陥る淵が眼前に渦をまいておるにもかかわらず、それが見えなかったのである」とも述べている。

一八九〇年の第一回総選挙で三一歳での当選以来、一九五二年の第二五回総選挙（九四歳）までの六〇年間の議員生活、当選二五回という記録は誰にも破られないだろう。

冒頭の言葉は、常に将来に備え続けたその尾崎の気概を示すものと受け止めたい。

尾崎行雄

94歳 牧野 富太郎

「私は草木の精である」

牧野富太郎（まきのとみたろう、一八六二〔文久二〕年四月二四日〔新暦五月二二日〕—一九五七〔昭和三二〕年一月一八日）は、土佐国（現・高知県）出身の植物学者。

植物は世界では二五万から三〇万種あり、日本には約七〇〇〇種ある。牧野は生涯において標本を六〇万点採集し、新変種を一五〇〇種以上発見し、日本植物名（学名）を命名した。

日本植物分類の基礎を独学で築いた。その基礎の上に現在の生物学があるが、現在では生物多様性の議論などもあり人気のある分野になっている。

この人の特徴は、独学ということである。小学校を自然中退し九〇年余の生涯を植物学一筋に歩んだ。

日本や世界中から集めた標本は比較する必要があるため、常に新しい文献が必要であり、東京に出た牧野は一番充実している東大に出入りする。そして『日本植物志図篇』という雑誌を創刊している。このとき牧野は二六歳だった。「日本の植物を、日本人の手で研究した成果を外国に知らしめる」ことが発刊の趣旨だった。その後、東大の助手となり、五○歳を過ぎてやっと講師になり、大学で自由に研究ができる環境を得る。

もう一つの特徴は、全国の植物愛好家に絶大な影響を与えたことである。味も植物を知るための重要な要素であるらしく、見慣れぬ植物は自分で噛むこともしていたというエピソードが残っている。

七七歳のときには「書斎を離れるのは食事の時と寝る時だけで、私は早朝から深夜一時過ぎまで本の中で生活している。書斎に居る時が一番生き甲斐を感じる」とも述べている。

牧野富太郎

西武池袋線の大泉学園駅近く、牧野記念庭園記念館陳列室のビデオには、一月一八日の逝去のときの新聞記事が紹介されており、「牧野博士　ついに死去す」とあった。何度も危機に陥りながら、そのつど蘇ってきた長命の牧野の強い生命力を尊敬の意味を込めて「ついに」と書いたものだろう。

妻の寿衛子は牧野の学問を経済的にも支えた女性

であり、五六歳での死にあたり仙台で発見したササの新種を、感謝の意味を込めて「スエコ笹」と命名したという心温まるエピソードもある。今も谷中の天王寺の寿衛子の墓碑には、

「家守りし妻の恵みやわが学び　笹の中にあらん限りやスエコ笹」

と刻まれている。

「花在ればこそ　吾も在り」

「楽しさや押し葉を庭の木で作り」

「我が庭に咲きしフヨウの花見れば老いの心も若やぎにけり」

以上のような言葉も残しているが、冒頭の「私は草木の精である」という言葉にはただうなずくしかない。

牧野富太郎の生涯は、一人の人間が一つのテーマを持ったらどこまでできるかを証明しているように思える。一人の力は小さいように感じるが、実は一人の力は無限なのかもしれない。

（94歳）徳富　蘇峰
「人生は一種の苦役なり」

徳富蘇峰（とくとみそほう、一八六三〔文久三〕年一月二五日〔新暦三月一四日〕―一九五七〔昭和三二〕年一一月二日）は、明治から昭和にかけての肥後国（現・熊本県）出身のジャーナリスト、思想家、歴史家、評論家。

『國民新聞』を主宰し、大著『近世日本国民史』を著したことで知られる。生前自ら定めた戒名は百敗院《ひゃっぱいいん》泡沫《ほうまつ》頑《がん》蘇《そ》居士《こじ》。

徳富蘇峰

蘇峰は、『近世日本国民史』全一〇〇巻を書き上げた。五五歳から八九歳までの三四年間にわたる労作である。世界で最も多作な作家とギネスに記録されている。織田信長から明治（自分の生きた時代）まで。四万二四六八ページ、総文字数一九四五万二九五二字、原稿用紙一七万枚。

これは壮年期に立てた志だった。史料蒐集の鬼となり、また明治の元勲ら（板垣・山縣・海舟・大隈・松方・伊藤・西園寺・大山・川上操六・桂・乃木……）に直接インタビューをしている。貪欲。執念深い。強運。牛歩の如く、一歩一歩……。

「大局さえ見失わなければ大いに妥協してよい」
「人生の要は七分の常識に三分の冒険心を調合するを以て、適当なりとなすべし」

冒頭の言葉の全文は、次のようにある。

「人生は一種の苦役なり。ただ不愉快に服役すると欣然として服役するとの相違あるのみ」

蘇峰は「人に百歳の寿なく、社会に千載の命なし」としたが、今、人生一〇〇年時代が訪れようとしている。不愉快に服役するには長すぎる。浪費するにはあまりにも惜しい。三四年かかって、ライフワークを完成し、さらに支那史（中国史）に挑もうとした蘇峰を見習ってこの時間の長さを喜んで何か価値あるものに使いたいものだ。

（92歳）岡崎　嘉平太

「信はたて糸　愛はよこ糸　織り成せ人の世を美しく」

岡崎嘉平太

岡崎嘉平太（おかざきかへいた、一八九七〔明治三〇〕年四月一六日―一九八九（平成元）年九月二二日）は、岡山県出身の実業家。日銀を経て、大東亜省参事官、上海在勤日本大使館参事官。戦後、池貝鉄工、丸善石油、全日空の社長を歴任。日中覚書貿易事務所代表。八一歳、勲一等瑞宝章。

一九七二年の日中国交回復時には周恩来首相から、水を飲むときには井戸を掘った人を忘れないという諺《ことわざ》が中国にはあるが、岡崎先生と松本先生（松本重治）はその一人ですと感謝された。六五歳のときにはＬＴ貿易を調印した。中国という国は奥が深く何度も訪れている。九二歳のときに実に一〇〇回目の訪中を行なった。

「これからの外交の行き方は、隣国とともに生きるということにあると思う」

「アヘン戦争以来、中国が苦しんだもろもろの難題を、孫文、黄興《こうこう》、蔣介石と三代を経て共産党政権がこれを一挙に解決した」

「八月一五日に蔣介石が出した布告文『仇に報いるに徳をもってせよ』。憎い日本ではあるけれども、アジアの守り神であったといえるよ」

「実に遠大な計画です。それがいちばんよくわかるのが植林、治水です。黄河ひとつみましても、五〇〇〇年来の念願だった治水をついにやってしまった」

「周恩来は言った。わが国は大変な損害を受けている。しかし、八〇年は、日中二〇〇〇年の交わりに比べればわずかな時間だ」

「あと三〇年たったら、世界における今の中国というのは、えらいものになる。おそらく、ソ連は追い越し、アメリカにも追いつくだろう。……そういうときが来たときに、もし、日本民族と中国民族との間に、不信感があったとしたら、息苦しいのは日本じゃなかろうかと思います」

「基地については、外国の軍隊が今後二〇年、三〇年、五〇年にわたって日本に駐留し、日本が実際の自己防衛を行なわないという状態が続けば、日本民族はおそらく骨抜きになるだろうと私は心配する。そこで、日本民族が生きるバックボーンをもつために、基地は漸次、できるだけ早く撤去しなければならない」
「日米安保条約だけに固執せず、より広い視野からアジアの安全を考える必要があると思う。また、日本の安全は日本人自らが守るのだという気概をつくりあげてゆくことが必要なのではないだろうか」

日中関係の井戸を掘った人は多い。孫文を助けた日本人は忘れられているが、この岡崎も現代中国との関係の井戸を掘った人物だ。掲げたいくつもの言葉の底には、長期にわたった日中関係を見据えた慧眼がある。信頼と愛情で美しい織物を織りたいものである。

92歳 大谷 竹次郎「わが刻はすべて演劇」

大谷竹次郎（おおたにたけじろう、一八七七〔明治一〇〕年一二月一三日―一九六九

〔昭和四四〕年一二月二七日）は、松竹《しょうちく》を創設した京都府出身の実業家。

松竹は、双子の兄・白井松次郎（一九五一年、七四歳で没）と大谷竹次郎の兄弟での設立で、社名も兄弟の松と竹からとられた。二人は「東の大谷、西の白井」と並び称されていた。

大谷竹次郎の略歴は、小学校卒。一三歳、九代目団十郎に感激し演劇事業への夢を持つ。二四歳、明治座（のちの京都松竹座）を開設。二五歳、松竹《まつたけ》合名会社を設立し代表社員。三三歳、東京は竹次郎、大阪は松次郎の体制。四六歳、関東大震災で映画館二二館を失う。四四歳、松竹キネマ（社長は松次郎、専務が竹次郎）。七八歳、文化勲章。八五歳、勲一等瑞宝章。この両章をもらった芸能関係者は大谷のみである。

歌舞伎の保護者とされる大谷竹次郎は、挨拶・スピーチの名人だったと多くの人が回顧している。知仁勇の三徳を備えた人という評価もあったが、猜疑心と嫉妬心の強い人だったと回顧している人もいたのは面白い。

築地一丁目の銀座松竹スクエア三階に松竹大谷図書館がある。松竹株式会社の生みの親・大谷竹次郎が一九五五年に文化勲章を受章したのを記念して一九五八年に開館した、演劇・映画専門図書館である。演劇（歌舞伎・文楽・新派・商業演劇）、映画、日本舞踊、テレビ等に関する書籍、雑誌、台本、写真、プログラム、ポスターなどを収蔵しており、資料数は四五万点にのぼる。

ミニ展示「渥美清――没後二〇年」展をみた。そこで、この図書館も経営が苦しいらしく、リストラを避けるために、クラウドファンディングで二三八名から二八七万八〇〇〇円を集めたと貼り出してあった。

「私の事業的信念は、それが世に価値のあるものならば、数字的に自信がなくとも、正しく行えば成し遂げられるということである」

「同じ事業をやるなら、人間は自分が好きな事業に手を出すべきだ」

大谷竹次郎

一三歳から九二歳まで、生涯にわたって演劇に邁進した大谷竹次郎。「わが刻《とき》はすべて演劇」と言い切っているのはすがすがしい。あなたは、こういう言葉を吐けるだろうか？

（92歳）淡谷 のり子

「歌と一緒に死んで行かなきゃいけない」

淡谷のり子（あわやのりこ、一九〇七〔明治四〇〕年八月一二日―一九九九〔平成一一〕年九月二二日）は、青森県出身の女性歌手。日本のシャンソン界の先駆者であり、ブルースと名のつく歌謡曲を何曲も出した由縁から「ブルースの女王」と呼ばれた。

日中戦争が勃発《ぼっぱつ》した一九三七（昭和一二）年発表の『別れのブルース』が大ヒット、続く『雨のブルース』『想い出のブルース』『東京ブルース』などでスターダムへと登りつめる。

戦後の一九五一年に設けられたＮＨＫ紅白歌合戦では、一九五三年の第四回に初出場。このときにはいきなりトリを務めた。紅白で第一回を除いて初出場でトリを務めたのは、淡谷のみである。ほか、テレビのオーディション番組では、辛口の批評であったことを思い出す。

淡谷のり子

「自分から逃げれば逃げるほど、生きがいも遠ざかる」

「レコード大賞も歌手を堕落させる原因ね。賞を取ればギャラも上がるから血眼でしょう。歌手はね、お金のために歌うようになったらおしまいよ」

「ブルースというものは、だれかが書いて、だれかが曲をつけて歌うもんじゃないの。黒人たちが自分の思いを自分の言葉で、自分のメロディーで叫んだ歌、それがブルースよ」

このようにブルースの女王は語っている。また、冒頭の言葉の全文はこうだ。

「あたしはね、やれるところまでやりますよ。歌と一緒に死んで行かなきゃいけない、と昔から思ってるんだ」

歌と一緒に死んでいく覚悟があるという気迫を感じる本物の歌手だった。

91歳 杉村 春子

「きのうも明日もないわ。今日をしっかり生きるだけ」

杉村春子（すぎむらはるこ、一九〇六〈明治三九〉年一月六日—一九九七〈平成九〉年四月四日）は、広島県出身の新劇の女優。

遊女の私生児として広島県の色町に出生。材木商の養女にもらわれ育つ。女優としては東山千栄子、初代水谷八重子に次いで三人目の文化功労者に選ばれている。

二度結婚をしているが、夫となった五歳下の医師、一〇歳下の医師はそれぞれ結核で亡くなるという悲劇を経験している。

一九九五年には文化勲章の内示を受けたが、「勲章は最後にもらう賞、自分には大きすぎる。勲章を背負って舞台に上がりたくない、私はまだまだ現役で芝居がしていたいだけ」と答え、また「戦争中に亡くなった俳優を差し置いてもらうことはできない」として辞退している。

「役者に定年はない」という杉村春子は、七〇年の長きにわたって映画とテレビの世界で活躍した。その間、高峰秀子、山田五十鈴、岡田茉莉子、勝新太郎、若尾文子、吉永小百合、奈良岡朋子、樹木希林など演劇人、映画人の大目標となる女優であった。亡くなる直前まで舞台に立ち、老年で若い役も演じている。

冒頭の言葉は八〇代半ばの言葉である。確かに過去も未来もない。現在をしっかり生きようという大女優の覚悟が伝わってくる。

杉村春子

(90歳) 下岡 蓮杖
「自分も早く先生と呼ばれる人になりたい」

下岡蓮杖(しもおかれんじょう、一八二三〔文政六〕年二月一二日〔新暦三月二四日〕—一九一四〔大正三〕年三月三日)は、伊豆国(現・静岡県)出身の写真家(写真師)、画家。

日本最初の「写真師」、日本商業写真の開祖。下岡蓮杖は一九一四年、浅草で九〇年の波瀾万丈の生涯を閉じる。

写真だけでなく、富士山の絵柄を石版画として販売した日本における石版印刷業の祖でもある。アメリカより優良種牛五頭を輸入し、乳製品の販売など牛乳製造業も試みている。東京・横浜間の乗合馬車営業の開祖でもある。今も残る「馬車道」はその名残とか。

下田市に立つ下岡蓮杖像

「写実というならば、いくら絵筆をもって苦心をしてもこれにはかなわない。何とかこの技法を学べないものか」と思った蓮杖は、絵師を断念し、新しい分野である写真に取り組んでいく。

明治という時代は秋山好古《よしふる》・真之《さねゆき》兄弟のような青年があらゆる分野で猛然と勉強した時期だ。「自分が一日勉強を怠れば日本は一日遅れる」と真之は語っているが、この言葉は写真という新分野に挑んだ下岡蓮杖にも当てはまる。そういう若人たちの大きな山脈の中で、日本の文明開化が行なわれたということだろう。

下岡蓮杖は、多くの分野の挑戦者として一生を送った。先駆けることが先生への道であった。いつしか、自然にまわりの人たちが「先生」という尊称で呼ぶようになっただろう。

冒頭の言葉の全文は次のようである。

「この世の中には先生と呼ばれる多くの人がいる。……自分も早く先生と呼ばれる人になりたい……」

90歳　田河　水泡
「自分には自分なりの力があることを自覚しましょう」

田河水泡（たがわすいほう、一八九九〔明治三二〕年二月一〇日―一九八九〔平成元〕年一二月一二日）は、東京府（現・東京都墨田区）出身の漫画家、落語作家。

昭和初期の子供漫画を代表する漫画家であり、代表作『のらくろ』ではキャラクター人気が大人社会にも波及し、鉛筆、弁当箱、帽子、靴などさまざまなキャラクターグッズが作られるなど社会現象となるほどの人気を獲得した。手塚治虫に始まるストーリー漫画の先駆者である。

深川の芭蕉記念館から少し歩くと、田河水泡・のらくろ館がある。「のらくろ」とは、天涯孤独の野良犬の黒（黒毛）からの本名＝野良犬黒吉の略である。

ところで、高見澤仲太郎（本名）は、成績では図画が悪かった。当時の図画はお手本に忠実に描くことが要求されたからだ。長じての田河水泡は、人気漫画『のらくろ』を一九三一年から『少年倶楽部』に連載を始め、一九八一年まで実に五〇年にわたって描き続けている。

田河水泡の影響を受けた漫画家は、手塚治虫、赤塚不二夫、石ノ森章太郎、サトウサンペイ、里中満智子、ちばてつや、藤子・F・不二雄などがいる。

弟子では、『サザエさん』の長谷川町子がいる。長谷川町子美術館を訪問したときに、そのことを知り、訪問の機会をうかがっていたのだが、ようやく実現できた。

そこで知ったことを記そう。九〇歳の卒寿では、「田河水泡鳩寿と、オタマジャクシの還暦を祝う会」を開いた。田河のサインはオタマジャクシで、サインが成長する。この会ではついにオタマジャクシは蛙になっていた。

東中野に住んでいる家の向かいの富士子と結婚したのだが、その兄は文芸評論家の小林

田河水泡

秀雄だった。

そして、

「のらくろというのは、実は、兄貴、ありゃ、みんな俺の事を書いたものだ」

と水泡が言うのを聞いて、小林秀雄は、

「私は、一種の感動を受けて、目がさめる思いがした」

と書いている。

自分の身の丈にしっくり合った主人公「のらくろ」を創りだしたから、五〇年続いた超長寿作品になったのだろう。見栄をはらずに、自分なりの仕事をした。その結果、オタマジャクシが蛙になったのである。見事な人生というべきだろう。

冒頭の言葉の全文は次のようである。

「見栄をはらずに、自分には自分なりの力があることを自覚しましょう。それが真理なのです」

90歳 斎藤 茂太

「人を集めよう。幸福が集まる」

斎藤茂太（さいとうしげた、一九一六〔大正五〕年三月二一日―二〇〇六〔平成一八〕年一一月二〇日）は、東京府（現・東京都品川区）出身の精神科医、随筆家である。斎藤茂吉《もきち》の長男。弟（茂吉次男）は北杜夫《もりお》。

米寿を迎えたころから足が悪くなり、講演や旅行は減ったのだが、作家活動に力を入れ、多くの書を書いた生涯現役の人だった。

「腕を上げるにはネをあげないことだ」

「あきらめないことだ。一度あきらめると習慣になる」

「頑張るべきときだけ一〇〇パーセント、一二〇パーセントの力を出し、あとは八〇パーセントぐらいをキープする。それが、心身共に健康で、いい仕事を長く続けていくコツなんですよ」

「人の顔を美しくする最高の美容術は、笑いである」
「できるだけたくさんの本を読み、美しいものに触れ、思いやりを持って人に接する。当たり前のことを言っていると思うでしょうが、そういうことの積み重ねが、本当に人を美しくするんです。九〇年も世の中を観察してきた僕が言うんだから、間違いない（笑）」

斎藤茂太

「焦らない。でも、あきらめない」
「感動こそがストレスに負けない最大の秘訣。そして、長生きのコツでもある」

斎藤茂太はモタさんが愛称だ。精神科医であったモタさんはあたたかく励ます言葉を発表して人々に生きる勇気を与えた。多くの人と幸せを分かちあうことが、自分が幸せになる道だ。人と接し、人と集う。人の集まるところに幸せがある。

90歳

石田　退三

「金ができたら設備のほうへ回せ」

石田退三（いしだたいぞう、旧姓：澤田、一八八八〔明治二一〕年一一月一六日―一九七九〔昭和五四〕年九月一八日）は、愛知県出身の実業家。豊田自動織機製作所（現・豊田自動織機）社長、トヨタ自動車工業（現・トヨタ自動車）の社長、会長。

石田退三は戦後のトヨタ自動車の立て直しを行なった人物で、豊田英二とともにトヨタ中興の祖と呼ばれ、トヨタの無借金経営体質を築いた。

次のように、彼の言うものはそのことを物語る。

「とにかく、世の中を生きていくには、何か一つの業界で『ああ、あの男か』といわれるところまでのしておけば、一度や二度どんな失敗があっても、かならず再び起ち上れるものだ」

「トヨタを追撃するという姿勢でなく、いい品物を作って出すという考えでないとトヨタ

石田退三

を追撃できませんよ」

豊田喜一郎が人員整理の責任を取り辞任した後に、大規模ストライキ中の一九五〇年にトヨタ自動車工業社長となった。そのとき「誰もやり手がなければやってもいい。ただし、私に任せる以上は、はたからクチバシを入れるのは一切差し控えてもらいたい」と条件をつけた。

冒頭の言葉の全文はこうだ。

「金ができたら設備のほうへ回せ。人間で能率を上げてはいかん。機械で能率をあげよ」

この言葉は、激しい労使交渉を経験した後に語った言葉である。能率を上げるのは機械だ、人ではない。石田退三の経営方針は人を大事にすることだった。無借金経営を実現したカネの使い方もそうだが、ヒトの使い方についても、温かい方針を貫いた経営者である。このような石田退三の精神が今日のトヨタ自動車の骨格をつくったのだ。

第四章　疲れを知らない

101歳 石井 桃子

「五歳の人間には五歳なりの……重大問題があります」

石井桃子（いしいももこ、一九〇七〔明治四〇〕年三月一〇日―二〇〇八〔平成二〇〕年四月二日）は、埼玉県出身の児童文学作家、翻訳家。数々の欧米の児童文学の翻訳を手がける一方、絵本や児童文学作品の創作も行ない、日本の児童文学普及に貢献した。

児童文学の第一人者であるが、本人の名前は知らなくても、この人の作った本を見ていない人はいないだろう。児童文学では作者は読む子供にとっては関心はない。『ノンちゃん雲に乗る』『クマのプーさん』『うさこちゃんとうみ』など編集・翻訳・創作した児童向けの本は生涯で三〇〇冊ほどになる。

三〇歳前後から一〇〇歳まで、実に七〇年間にわたって間断なく本を出し続けているのだ。九〇歳を超えて『クマのプーさん』の作者、A・A・ミルンの自伝の全訳にとりかかり、五年をかけて二〇〇三年に『ミルン自伝　今からでは遅すぎる』を九六歳で完遂する。次にエレナ・エスティスの『百まいのきもの』の全訳と改訂に着手し、二〇〇六年に『百まいのドレス』を刊行。このとき九九歳！

企画展では「こどもの目でおとなの技倆でその人はそれを書き始める」という本人の言葉にも出会った。架空の世界を現実と思わせる論理と表現力がなければ児童文学には取り組めない。そして、人は児童という人生の初めにも、それぞれの問題を抱えているのだ。

冒頭の言葉の全文は、次のようにある。

「五歳の人間には五歳なりの、一〇歳の人間には一〇歳なりの重大問題があります。それをとらえて人生のドラマを組み立てること、それが児童文学の問題です」

石井桃子

そういうやさしい、やわらかい目線を生涯にわたって維持し、ドラマを組み立て続ける。一〇〇年を生きた石井桃子には、作家・創作者、翻訳者、エッセイスト・評論家、読書運動家、編集者と五つの顔があるが、その対象はすべて子供だった。実に見事な人生だ。

97歳 永田 耕衣

「一身の晩年をいかに立体的に充実して生きつらぬくか」

永田耕衣（ながたこうい、一九〇〇〔明治三三〕年二月二一日―一九九七〔平成九〕年八月二五日）は、兵庫県出身の俳人。禅的思想に導かれた独自の俳句理念に基づき句作。また諸芸に通じ書画にも個性を発揮、九〇歳を超えた最晩年に至るまで旺盛な創作活動を行なった。

三菱製紙高砂工場のナンバー3の部長で終えた永田耕衣は、若いときから俳人であった。五五歳で定年を迎え、毎日が日曜日の四〇年以上に及ぶ「晩年」の時間を俳句や書にたっぷりと注ぎ、そして九七歳で大往生する。「毎日が日曜日」を豊かに生きた人物である。

冒頭の言葉の全文は次のようにある。

「大したことは、一身の晩年をいかに立体的に充実して生きつらぬくかということだけである。一切のムダを排除し、秀れた人物に接し、秀れた書を読み、秀れた芸術を教えられ、かつ発見してゆく以外、充実の道はない」

永田耕衣は、芸術や宗教に徹した人々と深く付き合い、評価される創作活動に励む。一方、会社員としてはハンディキャップを背負いながらかなりの昇進を果たし、一九五五年の定年まで勤めあげている。二つの世界が共存し、大いなる晩年に向かって人物が大きくなっていく。その姿は城山三郎著の『部長の大晩年』（新潮文庫）に生き生きと描かれている。

「亜晩年、重晩年、秘晩年、露晩年、和晩年、是晩年、呂晩年、綾晩年、些晩年」

「朝顔に百たび問はば母死なむ」
「衰老は水のごと来る夏の海」
「無花果を盛る老妻を一廻り」
「コーヒー店永遠に在り秋の月」
「秋雪やいづこ行きても在らぬ人」
「強秋《こわあき》や我に残んの一死在り」

永田耕衣

「白梅や天没地没虚空没」
「枯草や住居無くんば命熱し」
「死神と逢う娯しさも杜若《かきつばた》」

俳人・永田耕衣の晩年は職業生活よりも長く四〇年以上もあった。余生などではまったくない。本舞台だった。五五歳まではそのための準備期間ともいえる。ここに大いなる晩年を生きた先達の姿がある。

95歳 井伏 鱒二

「花に嵐のたとえもあるぞさよならだけが人生だ」

井伏鱒二（いぶせますじ、一八九八〔明治三一〕年二月一五日—一九九三〔平成五〕年七月一〇日）は、広島県出身の小説家。本名は井伏滿壽二（いぶしますじ）。安那郡加茂村（現・福山市）に生まれる。筆名は釣り好きだったことによる。

井伏鱒二

各地の人物記念館を訪ねると、井伏鱒二が旅した痕跡が残っていることを感じられるものがある。小栗上野介《おぐりこうずけのすけ》の墓と資料館がある安中榛名《あんなかはるな》の東善寺には、一九七八〔昭和五三〕年六月一〇日の井伏の記念植樹があった。

河口湖の御坂峠の天下茶屋の太宰治文学記念室は、滞在している井伏に会いに傷心の太宰治が訪ねてきてしばらく暮らしていた家である。そのときのことは『富嶽百景』に太宰自身が記している。井伏鱒二は旅の作家であった。

その太宰治が井伏鱒二と二人が将棋を指しているところに、若き石井桃子が『ドリトル先生』のゲラを持ってやってきた。あとで太宰は井伏に橋渡しを頼むが断わられる。太宰が自殺したときに、記者が「もしも太宰治と結婚していたら……」と訊くと、石井桃子は「私がもしあの人の妻だったら、あんなことはさせません」と語ったという。

井伏は一日の何時間かは机の前に座ることを自分に義務づけていた。「ぼくは物が書けないとき、ハガキや手紙を書くことにしているんだ。筆ならしが終わると、ポンプの呼び水のように筆のすべりがよくなる」

明治生まれで九五歳まで書き続けたこの作家は、多くの人との別れを経験している。于武陵《うぶりょう》に「酒を勧む」という漢詩がある。「君に黄金の杯を勧める　このなみなみと注がれた酒を断わってはいけない　花が咲くと雨が降り、風も吹いたりするものだ　人生に別離は当然のことだ」。この漢詩を井伏鱒二は「この杯を受けてくれ　どうぞなみなみ注がしておくれ　花に嵐のたとえもあるぞ　さよならだけが人生だ」と名訳した。友に発した「今を、この時間を大切にしよう」というメッセージである。

94歳　谷川 徹三

「学問は満足しようとしない。……経験は満足しようとする」

谷川徹三（たにかわてつぞう、一八九五〔明治二八〕年五月二六日─一九八九〔平成元〕年九月二七日）は、日本の哲学者。法政大学総長などを務めた。

愛知県知多郡常滑町《とこなめ》（現・常滑市保示町《ほうじ》）生まれ。京都帝国大学哲学科卒業。日本芸術院会員。常滑市名誉市民。ジンメル、カントの翻訳や、文芸、美術、宗教、思想などの幅広い評論活動を行なった。詩人の谷川俊太郎は長男。林達夫、三木清とは同期の友人。戦争の暗雲たなびく時代にあって、有名な「雨ニモマケズ」の詩は死後、谷川徹三によって大政翼賛をあおる詩集として修身の副読本に取り上げられた。戦後は復興に励む人間像として国定教科書に載り、日本人の多くが知る詩となった。

谷川徹三は講演の冒頭で「雨ニモマケズ」を朗読し、次のように述べている。

「この詩を私は、明治以後の日本人の作ったあらゆる詩のなかで、最高の詩であると思っています。もっと美しい詩、あるいはもっと深い詩というものはあるかもしれない。しかし、その精神の高さにおいて、これに比べうる詩を私は知らないのであります。この詩が今日の時代にもつほとんど測り知ることのできぬ大きな意味——これは結局宮澤賢治という詩人が今日の時代にもっている意味でありますが、それをここでお話しいたしたいのであります」

谷川徹三

そして、冒頭の言葉の全文はこうだ。

「学問は満足しようとしない。しかし経験は満足しようとする。これが経験の危険である」

経験は強烈であり、人はそこから深い教訓を得ることができる。しかし、一人の人が短い一生の中で持つ経験はあまりにも少ない。だから、経験による教訓に過度に頼る経験主義は限界もあるし、危険でもある。

一方、学問は先人の経験の積み重ねによる叡智が結集されているから一般性が高いが、満足するという段階には永遠に届かない。どちらにも危険は宿っている。学問と経験のほどよいバランスが大事だ。相互交流によって階段をのぼっていこう。

91歳　西本　幸雄

「いわしも大群となると力が出る」

西本幸雄（にしもとゆきお、一九二〇〔大正九〕年四月二五日―二〇一一〔平成二三〕年一一月二五日）は、和歌山県出身のプロ野球選手（内野手）、コーチ・監督、野球解説者、野球評論家。

二〇年間の監督生活で八度のリーグ優勝を果たしながら、日本シリーズでは一度も日本一に就けず、「悲運の名将」といわれたが、本人は「幸運な凡将」と自らを語っている。大毎・阪急・近鉄というパ・リーグの弱小チームを一から育てて優勝させたから、西本はやはり名将であろう。

西本の教え子には阪急時代には米田哲也、梶本隆夫、足立光宏、森本潔、長池徳士《あつし》、福本豊・山田久志・加藤英司、近鉄では鈴木啓示《けいし》、佐々木恭介、梨田昌孝、羽田耕一、平野光泰、井本隆、栗橋茂、柳田《やなぎた》豊などが挙げられる。人材育成の手腕は大したものだ。

西本幸雄

「道のりは遠くとも、目標に向かって歩めば、一歩一歩近づくことだけは確かだ」

「レギュラーが決まっているチームは意外と弱い。二つか三つのポジションが決まっていないチームのほうが強くなる」

「鰯《いわし》」という字は、魚偏に弱いと書く。弱い鰯も烏合の衆ではなく、優れたリーダーが情熱を持ち精魂を傾けることによって、生命を持った有機体としてのまとまりになっていき、それが奇跡を起こす。その創造の秘密をこの名将は知っていたに違いない。「何か」が可能になる。その何かは想像を超えるものかもしれない。

冒頭の言葉の全文は次のようにある。

「いわしも大群となると力が出る。みんなが心底から力を合わせることによって、何かが可能になるんや」

91歳 金田一 春彦
「春風秋雨是人生」

金田一春彦（きんだいちはるひこ、一九一三〔大正二〕年四月三日―二〇〇四〔平成一六〕年五月一九日）は、東京府（現・東京都文京区）出身の言語学者、国語学者。国語辞典などの編纂《へんさん》、日本語の方言におけるアクセント研究でよく知られている。

東京・本郷で生まれ、日本語研究の第一人者といわれ、全国のお茶の間で親しまれた金田一春彦博士の記念図書館は、意外なことに山梨県北杜《ほくと》市にある。図書館の前の道は、「金田一春彦通り」と命名されており、この地の人々にいかに愛されたかがよくわかる。

一九六三年に発生した「吉展《よしのぶ》ちゃん誘拐殺人事件」で、テレビでの犯人の身代金要求電話の録音を聴き、何気なく「この発音は茨城か栃木か福島だよ」と呟いたところ、夫人がNHKに電話しこの発言を伝えたことから、マスコミの取材を受け広まった。その後、逮捕された犯人は茨城・栃木県境に接する福島県南部の出身であり、的確な分析が話題を呼んだ。

金田一春彦

大学で教鞭をとる傍ら、NHKで日本語についての番組に多く出演する。NHK用語委員、NHK放送研修センター評議委員、日本ペンクラブ理事、㈱シャープ顧問、国語学会代表理事、東洋音楽学会副会長、図書館協議会会長、日本琵琶楽協会会長、波の会副会長、本居長世を慕う会会長、ユーフォニック合唱団顧問、日本レコード大賞選定委員、……。こういう経歴を見ると、単なる学者という枠にとどまらず、多彩な興味と行動力、そして誰からも敬愛される人柄であったことがわかる。

八五歳のときに書いた「春風秋雨是人生」という博士の座右の銘が展示されている。思いどおりにならないのが人生という意味だろう。華やかな活躍とみえるが、父・金田一京助を永遠のライバルとした本人が望んだ方向ではなかった。しかしそれでよいという人生観が垣間見える。「失敗は恐るるに足らない。大切なのはそのあとの処置である」とも語っている。確かに世の中は失敗しないとわからないことだらけだ。失敗しない人は本当はわかっていない。失敗を恐れない人は真実がわかる。長い目でみれば、失敗を多くした人は成功する確率は極めて高くなる。失敗を恐れ続けた人は小成に甘んじるほかはないのは当然のことである。失敗する人は成功する。

(90歳) 猪熊 弦一郎「絵を描くには勇気がいるよ」

猪熊弦一郎（いのくまげんいちろう、一九〇二〔明治三五〕年一二月一四日―一九九三〔平成五〕年五月一七日）は、香川県出身の昭和期の洋画家。新制作派協会（現・新制作協会）創立会員。

丸亀市猪熊弦一郎現代美術館には、猪熊の作品が常設展示されている。建築家・丹下健三が設計した香川県庁舎の壁画は、猪熊の作である。本業は画家。しかし版画、デッサン、彫刻、オブジェ、コラージュ、公共空間の壁画、ステンドグラス、モザイク、緞帳、表紙絵、挿絵、デザイン……など実に多彩な分野を手がけた人だ。

猪熊の作品は、帝国劇場、上野駅、東京会館、香川県庁、朝日生命、半蔵門線三越前駅ホーム、川崎市役所、山梨県立県民文化ホール、十和田市民文化センター、広島市文化交流会館、愛媛文化会館……などで目にすることができる。

猪熊弦一郎

また、三越の包装紙、黒澤明監督『生きる』のポスター、大関増位山の化粧まわし等々も猪熊の作品だった。

猪熊が影響を受けた言葉がある。

「芸術というものは、先生が手をとって川を渡してくれるようなものではない。自分で川に橋をかけ、自分で向こう岸に渡らなくてはならない」（黒田清隆）
「毎日見ているのだが、どうやっていいのかわからないのだ」（マチス）
「美とはひっきょうバランスだ」（マチス）
「うまずたゆまず仕事をする以外にない……」（マチス）
「あらゆる苦難の過去を一つ一つ大きな神の力で救われながら、私は毎日の仕事が愉快でならない」（マチス）

そこから、猪熊は冒頭の言葉に至る。全文は次のようである。

「絵はたまに描いたんでは駄目なんです。毎日頭から絞り出していないといけない。絵を描くには勇気がいるよ」

「絵を頭から絞り出す」とは聞きなれない言葉だ。それは小説家などと同じである。絵を描くのは格闘技なのだろう。だから、毎日の仕事に立ち向かうには「勇気」がいる。絵描きという職業に頭を下げざるをえない。

(90歳) 今西 錦司

「われわれにやれなくて、だれがやるのだ」

今西錦司（いまにしきんじ、一九〇二〈明治三五〉年一月六日―一九九二〈平成四〉年六月一五日）は、京都府出身の生態学者、文化人類学者、登山家。京都大学名誉教授、岐阜大学名誉教授。日本の霊長類研究の創始者として知られる。理学博士。

今西錦司

今西錦司は、私の師匠の梅棹忠夫先生の、その師匠である。

「長い一生のあいだなにをしてきた、そしてなにをのこしてゆくのか」と今西は自問し、「終始一貫して、私は自然とはなにかという問題を、問いかえしてきたように思われる」と述べている。

科学が扱いうる現象は氷山の一角である。氷山全体を論ずる立場が自然学であった。そして今西は「今西自然学」を確立する。柳田民俗学、梅棹人類学と同様の偉大な学問体系の創立者であった。

今西錦司という名前は、京都学派の棟梁として燦然と輝いていた。がしかし、今西は遅咲きだった。従来の学問の枠にはまらずに研究をしたため、不遇の時代が長かったのだ。「万年講師」と言われるほど、講師時代が長かった。しかも無給だった。五七歳でようやく京大人文研の社会人類学研究部門の教授に就任する。定年は六三歳だから教授在任期間はわずか七年に過ぎない。定年後は岡山大学に移るが、六五歳で岐阜大学の学長に推され、六年の任期を全うする。

「山岳学」を打ちたてようとした今西の山行の記録が目にとまった。六二歳で四〇〇に達していたが、いつか達成しようと夢見ていた「日本五百山」を六五歳で達成。

岐阜大学学長を退官した七一歳のときに、日本山岳会会長に就任し、山行のペースがあがり、「日本千山」を達成するのが七六歳である。一〇年で五〇〇山を踏破している。

七七歳で文化勲章を受章。その後も山行は続く。そしてとうとう「日本千五百山」を八三歳で達成する。この間七年だった。その後は、数を数えずに楽しみの登山に変え、八五歳の山行を最後とした。

九〇歳で、老衰で大往生したときの葬儀委員長の吉良竜夫は、「先生に接すると、新しいことに挑戦しようという意欲をかきたてられる。その存在だけで影響を与えることができる稀有の人だった」と述べている。

影響を与える人が偉い人だという私の定義によれば、次代の梅棹忠夫、川喜田二郎などの高い山脈をつくったこの人の偉さは格別である。


「自分の目でみて、自分の頭で考えよ」

「遠謀を持ち大目標を秘めて生きてゆく人生のいかに生きがいあるかを、私は身をもって経験してきた」


冒頭の言葉の全文は次のようにある。

「君たちがいる。そしてわしがいるではないか。われわれにやれなくて、だれがやるのだ」

今西錦司は、巡ってきた大興安嶺《だいこうあんれい》探検を決定したときに語ったこのリーダーの言葉で梅棹、川喜田などの探検部のメンバーが奮い立った。そのとき、この探検の成功が約束されたのである。

第五章　謙虚である

100歳　柳田 誠二郎

「結局、思想です。思想が人間を支配するんだ」

柳田誠二郎（やなぎたせいじろう、一八九三〈明治二六〉年九月二日―一九九三〈平成五〉年一一月一八日）は、栃木県出身の実業家。日本銀行に入り理事を経て副総裁を務めたが、戦後の公職追放で日銀を去る。その後、日本航空初代社長を務めた。

「どんな仕事でも三年ぐらいしないと基礎はできない。まして航空事業には一〇年間のブランクがあり、まったくの無一文から始めたのだから、そんなに早く良くなるほうがむしろおかしい。しかし、世間はそう思わないから、我々としても焦る必要はないが、できるだけ早く一銭でもいいから黒字を出すように努力しましょう」

終戦後ゼロからスタートした日航は、三年間で一〇億円の赤字を出していた。初代柳田は日銀出身者で航空産業は未経験だった。以上は柳田誠二郎に送った専務の松尾静磨（一代目社長）の手紙である。

柳田は大学時代に禅宗に打ち込んだ。亀井貫一郎にすすめられ岡田虎二郎を訪ねて以降、晩年まで岡田式静坐法を続けた。柳田は『私の履歴書』に「大学時代は夜寝るのも惜しんで猛勉した。そのうえお寺にこそ行かなかったが、依然禅宗に打ち込んで家で座禅を続けていた。そして先人にならってわが身を苦しめ、それに忍耐し、克己努力することばかりやっていたので、いつか精神主義が勝ちすぎ、気ばかり強くなっていた」と書いている。

私は「臆病者と言われる勇気を持て」という安全にかかわる名言を残した松尾静磨のあとの朝田、高木、山地、利光、近藤という五人の社長の時代を過ごした。新入社員のときに「トップと語ろう」という企画に応募して朝田社長と会ったとき、「久恒君は大分か？」と言われて驚いたことがある。本社勤務となった三〇代半ば以降は、山地、利光の近くで仕事をし、辞めるときは近藤社長から激励されたことを久しぶりに思い出した。

柳田誠二郎

柳田誠二郎の生没年からは、日清戦争の直前に生まれ、日露戦争、第一次世界大戦、第二次世界大戦、敗戦と米軍占領、朝鮮戦争、高度経済成長、絶頂期、そしてバブル崩壊まで生き抜いた一〇〇年人生だったといえる。奈良の法隆寺での会合で寺島実郎さんから北陸経団連のトップに紹介されたとき、私が日本航空出身だというと、この人は伝説上の人物だった柳田のことを話題にした。若いころ、仏教関係の勉強会で影響を受けたという話だった。

冒頭の「思想」が人間を支配するという言葉は、柳田の仏教に関する勉強を継続していたというバックグラウンドを知ると納得できる。自分で自分を鍛え、揺るぎない思想を創りあげた人物だったのだろう。思想が個人を支配する。そして個人を通じて集団も支配する。だから思想が大事なのだ。

99歳　中山 素平
「大事は軽く、小事は重く」

中山素平（なかやまそへい、一九〇六〔明治三九〕年三月五日―二〇〇五〔平成一七〕年一一月一九日）は、東京府（現・東京都港区）出身の銀行家。

第二次大戦後、日本興業銀行（現・みずほフィナンシャルグループ）をGHQ（連合国軍最高司令官総司令部）による解体から救った経済人として知られ、その功績から「財界の鞍馬天狗」「財界の羅針盤」と呼ばれた。日本興業銀行頭取・会長、経済同友会代表幹事などを歴任。

中山素平

「問題は解決されるためにある」

「私利私欲の人、自己顕示の人は全然評価しない。大きなスケールでものを考える人は、右であれ、左であれ、共感を覚える」

「経営者や後継者の条件にはどのような時代にも共通したタブーがある。すなわちなりたがる人を社長にしたらダメということです」

「財界の鞍馬天狗」の異名を持つこの人は、部下からは「そっぺいさん」と呼ばれ慕われた。いかにも私利に淡々とした無欲の人柄らしい尊称と言ってよい。

小事を軽く扱いすぎて失敗し、大事は重く扱いすぎて失敗するのが凡人の常である。中山素平の言うように、淡々といつもの調子で小事も大事もこなしていきたいものだ。

⑨⑧歳 大村 はま
「子供に考えさせる」

大村はま（おおむらはま、本名：大村濱〔読み同じ〕、一九〇六〔明治三九〕年六月二日—二〇〇五〔平成一七〕年四月一七日）は、神奈川県出身の国語教育研究家、国語教師。一九二八（昭和三）年、東京女子大学卒業後に長野県立諏訪高等女学校の国語科教師を務めたのをはじめ五二年間、一教師であった。以後も国語教師として生涯を貫き、数多くのユニークな実践指導を重ねた。

また、主宰した「大村国語教室」では、子供たちだけでなく、後輩の教師や研究者、そして親にも貴重な刺激を与え続けた。

教師のあり方についての言葉がいい。つい忘れそうになる仕事の本道を思い起こさせてくれる。以下、『新編　教えるということ』（ちくま学芸文庫）から。

「昨日よりも今日というように、気づいたり工夫したり、教師自身に成長の実感がある。ありあわせ、持ち合わせの力で授業をしない。何事かを加える、何事かを加えられて教室を出る」

「自分の本職たる『教える』ことがすぐれた技術、特殊技術になっていなければならない」

「見方を深くするというためには、教師自身が身を挺した実物をみせなければならない」

「ぬかるみで苦労している車にちょっと指で触れる、するとぬかるみからぬけてからからと車がすすんでいく。これが一級の教師」

「一人一人が自分の成長を実感しながら、内からの励ましに力づけられながら、それぞれが学習という生活を営む、そういう状態。すべての生徒がそれぞれ成長しているという実感、快感」

「段落。中心。つながり。自分の発見。自ら生み出したもの。区分け。関連を考える。構成力。関係、順序。……」

大村はま

大村はまの作文教育は、私の図解教育と同じ思想だった。それゆえ、冒頭の言葉の全文は次のようになる。

「子供に考えさせるということをした人が、いちばん教師としてすぐれている」

(98歳) 原 安三郎
「平常心を持って急迫の事態にも冷静に対応し、判断せよ」

原安三郎(はらやすさぶろう、一八八四〔明治一七〕年三月一〇日—一九八二〔昭和五七〕年一〇月二一日)は徳島県出身の実業家、日本化薬会長、東洋火災海上保険(現・セコム損害保険)初代会長、日本化学工業協会会長、政府税制調査会会長などを歴任し、日本財界の重鎮として活躍した。

一九〇九年、早稲田大学商科を最優秀で卒業。肢体不自由のため就職がうまくいかない。当時、三井物産常務の山本条太郎(衆議院議員、政友会幹事長、貴族院議員)の知遇を得て、日本化薬に入社。一九三五年、日本化薬社長（五一歳）に。七〇余の企業群の総帥。軍用火薬を製造せず、産業用に徹するなど、軍部の圧力に抗す。不屈の精神を示すエピソードが多い。

戦後、公職追放を免れ経済の復興と再建に尽くす。東京放送（ＴＢＳ）の設立にも関与。教科書専門大手の出版社・金港堂の再建など、幾多の経営不振の会社再建に手腕を発揮することとなり「会社更生の名医」と賞賛された。一九七三年（八九歳）、三八年間の社長を経て会長。一九八二年、会長在籍のまま九八歳の天寿を全う。

原は浮世絵収集に力を入れた。揃い物が多く、また保存状態がよい。二〇〇五年に初公開されるまで秘蔵されていた。北斎や広重の名所絵は質・量ともに抜きんでている。江戸の彫摺技術が最上の状態で仕上げた時期のものなので、秀逸の作品群である。

原安三郎

原安三郎の「長寿十ヵ条」を挙げておこう。

「時間は短くてもよく眠れ」「食事は少なくせよ－朝はパンとオートミールと野菜と牛乳。昼はヌキ。夕食は米を一碗」「酒、タバコは呑まない」「物事をすべてその場で処理せよ」「心配はしても心痛はするな」「決して物にとらわれるな、物に支配されるな」「六十歳過ぎると義理や見栄、メンツで頭や身体を使わぬこと。少しでも気にそわぬこと、いやだと思うことをあえてするな」「会合や人の依頼も気持ちにそわぬことはドシドシ断われ」「物事を正直に、いつも良心に照らして遺憾のないように」「思いついたことは遠慮しないでドシドシしゃべれ」

いかなる場合でも平常心を維持し、常に冷静な判断ができる。それはよほど人物ができていないとむずかしい。人生に処す原理原則、座右の銘、プリンシプル、そういうもので自らを常に磨き上げていく、それが大人物への道であろう。

97歳 中川 一政

「よく生きた者がよく死ぬことができる」

中川一政（なかがわかずまさ、一八九三〔明治二六〕年二月一四日―一九九一〔平成三〕

年二月五日）は、東京府（現・東京都文京区）生まれの洋画家、美術家、歌人、随筆家。画家としては、『駒ケ岳』などの作品で著名だ。

真鶴の美術館や白山の記念美術館などで絵をみてきたが、中川の言葉も味がある。随筆などの著作も多く随筆家としての評価も高い。

「門の中にはいっているのが専門家」

「はいって出られないのが専門家」

「若いときの勉強は、何でもとりいれ貯めることである。老年の仕事は、いらないものを捨ててゆくことである」

「すて去りすて去りして、純粋になってゆくことである」

中川一政

「画の勝負は美しいとか醜いとかいうものではない。生きているか、死んでいるかが問題だ。美しいようにみえて、死んでいるのがある。みにくいように見えて、生きているのがある」

「体と頭を使っていい仕事をした日は、ぐっすり眠れる。その繰り返しがよく生きたことになる。その先によい死が待っている。それを信じていこう」

最後にもう一つ。冒頭の言葉の全文はこうだ。

「私はよく生きた者がよく死ぬことができるのだと思っている。それはよく働くものがよく眠るのと同じことで、そこに何の理くつもない」

(96歳) 森繁 久彌
「芸人とは、芸の人でなく芸と人ということではないか」

森繁久彌（もりしげひさや、一九一三〔大正二〕年五月四日―二〇〇九〔平成二一〕年一一月一〇日）は、大阪府出身の俳優、歌手、コメディアン、元ＮＨＫアナウンサー。昭和の芸能界を代表する国民的名優。

この人はただの俳優ではなく、極めつきの文化人だった。四四歳で処女作を発表以来、主要著書は五四冊にのぼっている。そのうち、還暦を過ぎた六三歳以降の著書が四三冊と多いのも特徴だ。

「女房やセガレがどんなにボヤこうが、私はあくまで一世一代で、すべてが私と共にあり、私と共に無くなるのである」

「目下開店中の八百屋のような万うけたまわりの芸術屋（アルチザン）を整理して、新しい冒険に船を漕ぎ出さねばなるまい。このまま立ち枯れるには、まだチット血の高鳴りが邪魔になる人生五〇年である」

森繁久彌

冒頭の言葉のあとには、「なべて『人』を失っているかの感なきにしもあらずだ。人が人たるを失って、世の中に何があろう」と続く。映画や芝居などより、実際の人生のほうがおかしく、切ない。その人生から学びながら人をつくっていく。どのような職業も

「人」が重要だが、人生を表現することを生業とする役者は、見る人が役と人とがないまぜになってみているから、特に「人」が重要なのだ。遅咲きの国民的俳優・森繁久彌はその機微を知っていた。

96歳　森 信三

「人はすべからく、終生の師を持つべし」

森信三（もりのぶぞう、一八九六〔明治二九〕年九月二三日—一九九二〔平成四〕年一一月二一日）は、愛知県出身の教育者、大学教授、哲学者。

大阪府天王寺師範学校（現・大阪教育大学）専攻科講師を経て、一九三九（昭和一四）年に旧満州の建国大学に赴任。終戦後の一九四六年に帰国し、翌年に個人雑誌『開顕』を創刊。その後、神戸大学教育学部教授や神戸海星女子学院大学教授などを歴任。一九七五年に「実践人の家」を建設。全国各地で講演を行ない、日本民族再生に大きく働きかけた。

「例外をつくったらだめですぞ。今日はまあ疲れているからとか、夕べはどうも睡眠不足だったとか考えたらもうだめなんだ」

「一日は、一生の縮図なり」

「一眼は歴史の彼方を、そして一眼は却下の実践へ」

「己を正せば、人はむりをせんでも、おのずからよくなっていく」

「結局最後は『世のため人のため』というところがなくては真の意味で志とは言いがたい。自己に与えられた条件をギリギリまで生かすことが人生の生き方の最大最深の秘訣である」

「天下第一等の師につきてこそ人間の真に生き甲斐ありというべし」

森信三

「一人の卓れた思想家を真に読み抜く事によって、この見識は出来るものなり。同時に真にその人を選ばば、事すでに半ば成りしというも可ならむ」

「人間は何人《なんぴと》も自伝を書くべきである。それは二度とないこの世の『生』を恵まれた以上、自分が生涯たどった歩みのあらましを、血を伝えた子孫に書き残す義務があるからである」

師を持て。第一等の師を探せ。それが見つかったなら、その師の思想を読み抜き見識を磨け。その師を満天の星に不動の位置をしめる北斗七星として人生を航行すべきである。教育者・森信三の言葉には感銘を受けるものが多い。

冒頭の言葉の全文は次のようにある。

「人はすべからく、終生の師を持つべし。真に卓越する師を持つ人は、終生道を求めて歩き続ける。その状あたかも、北斗七星をのぞんで航行する船のごとし」

95歳 森戸 辰男

「よい教師がいなければよい教育は行なえません」

森戸辰男（もりとたつお、一八八八〔明治二一〕年一二月二三日—一九八四〔昭和五九〕

年五月二八日）は、広島県出身の社会思想家、教育者、政治家。
一高時代に新渡戸稲造校長の倫理の講義に感銘を受ける。帝国大学法科大学経済学科を卒業後、大内兵衛編『経済学研究』にロシアの無政府主義者クロポトキンの論文を翻訳発表し排撃を受け、大審院で有罪となり失職。「森戸事件」と呼ばれる。大原社会問題研究所に迎えられる。戦後は日本社会党の代議士に当選、片山哲・芦田内閣で文部大臣。一九五〇年政界を去り、原爆の惨禍の残る広島で広島大学の初代学長として一三年間尽力する。大原社会問題研究所・労働科学研究所理事長、全国放送教育研究会連盟理事長、NHK学園高等学校校長、能力開発研究所理事長、日本図書館協会会長、国語審議会会長、松下視聴覚教育研究財団理事長、日本育英会会長。森戸は教育界の役職をほとんど独占した観があるほど、戦後教育改革の手直しで活躍した人物である。

一九六六年には中教審会長として愛国心や遵法精神を説いた「期待される人間像」を答申している。世間の話題にもなっており、当時高校生の私はこの答申を題材にした作文を書いた記憶がありよく覚えている。また、同じく一九七一年には明治、戦後に続く「第三の教育改革」を答申（四六答申）している。

その森戸の教育論の中心は「よい教師」を創り出すことだった。制度、カリキュラム、教育方法などのインフラも重要だが、やはり教育は現場の教師の教育力に依るところがもっとも大きい。いかにして「よい教師」になるかは、教育現場にいる者の最大のテーマだ。

冒頭の言葉の全文は次のようにある。

森戸辰男

「何といっても教育の中心は教師です。いかによい制度ができても、いくらよい指導精神が紙の上ででき上がりましても、いくらよいカリキュラムや教育方法が考案されましても、よい教師がいなければよい教育は行なえません」

95歳

金子 鷗亭

「芸術には進化はないんです。芸術は変化があるのみです」

金子鷗亭（かねこおうてい、一九〇六〔明治三九〕年五月九日—二〇〇一〔平成一三〕

年一一月五日）は、北海道出身の書家。近代詩文書を提唱した。文化勲章受章者。
五稜郭の近くにある北海道立函館美術館で「鷗亭記念室」を見学したとき、啄木の歌と水原秋桜子の歌を書いた鷗亭の書が展示されていた。ゆるやかな仮名文字、人の体の線をなぞったような漢字、……。この人の書は、江戸東京博物館、井上靖記念館、史蹟松前城、国木田独歩詩碑などの題字になっている。

現代書でもっとも広く浸透したのは、金子の漢字かな交じり文の近代詩文書である。現在では金子が創設した創玄展は、わが国最大級の書展となっている。

毎年の全国戦没者追悼式の標柱の揮毫はこの人の書だった。一九五二年に第一回を書き、一九六三年から一九九三年までの実に三一年間にわたって書き続けた。一九六三年の五七歳から、最後に書いたのは八七歳のときだった。六〇歳ごろからは毎朝五時に起き散歩をして、健康状態をベストにしてこの仕事を続けようとした。

この人によれば、「明」という字は、窓から月の光がさしこんでものが見えるという意味である。

金子鷗亭

金子は漢詩・漢文などの異国趣味を排し、日本の口語文・

自由詩・短歌・翻訳等の詩文を新たに題材とすべきであり、また書の表現も現代にふさわしい表現とするべきだと言って賛同者を増やした。時代に応じた変化を主張したのだ。

94歳 松下 幸之助

「経営哲学、経営理念が確立できれば、……半分成功」

松下幸之助（まつしたこうのすけ、一八九四〔明治二七〕年一一月二七日―一九八九〔平成元〕年四月二七日）は、和歌山県出身の実業家、発明家、著述家。「経営の神様」と讃えられた。

大阪西三荘の松下幸之助メモリアルホールを訪問して感じたことは、松下幸之助は哲学、考え方、そしてそれを表現する言葉が素晴らしい、ということだ。以下にその一部を挙げる。

「広告は善。良い製品であればそれを人々に知らせる義務が企業にはある」

「ものをつくる前に人をつくる」

「一日教養、一日休養」

「自己観照」

「人間というものの教育を怠った」

「人使いのコツは誠心誠意以外にない。そして長所を見ていく」

「自分自身で自分を育てていかなければならない」

「社員はみんな自分より偉い人だった」

「命をかけて仕事をしても命はなくなりません」

「朝に祈り、昼に活動し、夜に反省する」

松下幸之助

「断じて行なえば解決していく」

「産業人の使命は貧乏の克服である」

「まず人間としての良識を養うこと」

「商売は世の為、人の為の奉仕にして、利益はその当然の報酬なり」

「商人に好況、不況はない。いずれにしても儲けなくてはならぬ」

「よい経営の根幹は人であることを知らねばならない」

「世の多くの人たちの生活を一日一日と高めていく。そこに生産の使命というものがある。その尊い生産の使命を果たしていくためには会社に資金が必要である。その資金を利益のかたちにおいて頂戴するのである」

「企業は社会の公器である」

「運があるという信念ができたら、人間強うおますな。自分は運が強い、そう考えたら、一生懸命やればいい仕事ができる、と思えるようになる。そうすれば将来の展望も違ったことになってくる。自分ではどうしようもない運もあるが、与えられた運を育て上げていくことも大切でしょうね」

「悩んだり、腹を立てたり、悲観したりすることが社長の仕事である、経営者の仕事である、そういうものがなかったら経営者の生きがいがないのやと、こういうように考えてからだいぶ楽になったですよ。いまは悩むために自分は存在しているんやな、悩みが本業やなと、こういうような感じをもつようになったんです」

どの言葉も心に響く。こういう言葉を「金言」というのではないだろうか。経営哲学、経営理念、志、信念……。そういう基本が決まれば未来に向けてスタートを切れる。その道は成功への確かな道である。

冒頭の言葉の全文は次のようである。

「第一の経営哲学、経営理念が確立できれば、まず五十点で半分成功したのと一緒」

93歳　川上 哲治

「真剣にやれば、知恵が出る」

川上哲治（かわかみてつはる〔現役時代は「てつじ」〕）、一九二〇〔大正九〕年三月二三日—二〇一三〔平成二五〕年一〇月二八日）は、熊本県球磨郡大村（現・人吉市）出身のプロ野球選手・監督、野球解説者。

現役時代より、その卓越した打撃技術から「打撃の神様」の異名を取り、日本プロ野球史上初の二〇〇〇本安打を達成した。王貞治、長嶋茂雄らを率いて読売ジャイアンツの黄金時代を築き上げ、プロ野球史上唯一の「V9」(九年連続セ・リーグ優勝・日本一)を達成するなど多大なる功績を残し、「プロ野球界の生き神様」とまで呼ばれる伝説的な存在となった

「リーダーは人をリードできるだけの人物に早くならなくてはいけないと思う」

「チームの目標にどうやっていくかと考える選手たちをうまく育てていくことですね。だからものの考え方の基本というものが相当大きな問題になってくるような気がします」

「チームのためにやることがおれのプラスになるというようなことをかぶらせながら率いていくリーダーでなければ、なかなか選手をうまく働かすことができないという時代になっていくんじゃないでしょうか。根底はデータ、セオリーだと思いますけどね」

「プロ野球では監督が代わるのは弱い時なんです。新しい監督というのは経験もないうえに弱いチームを引き受けなければいけないんですから非常に過酷なんですね」

「〝勝負〟の二字には、文字どおり〝勝ち〟と〝負け〟しかない」

「勝負に強いか弱いかは、執念の差」

「組織のリーダーは、自らが良く思われたいという我執、とらわれの気持ちを捨てねばなりません」

「ときに部下や周囲の不興を買うことがあったとしても、大義を表現するために成すべきことを成す。そういう強い信念を持った人間でなければ、リーダーは務まりません」

「周囲からどう評価されるか、という不安や心配から自らを解き放って、自分の想念を『無の境地』に置けば、問題の所在が良く見えるようになります。あとは、その問題を淡々と解決していく。こうすると自分も楽になるし、不思議なもので、だんだんと勘も冴えてくる」

「成功する人とは、この冷や飯を上手に食べた人であるといってよい」

川上哲治

「疲れるまで練習するのは普通の人。倒れるまで練習しても並のプロ。疲れたとか、このままでは倒れるというレベルを超え、我を忘れて練習する、つまり三昧境《さんまいきょう》（＝無我の境地）に入った人が本当のプロだ」

巨人軍の四番打者のとき、「ボールが止まって見える」という境地にまで達した川上哲治は、日本一九連覇という空前絶後の偉業を成し遂げ、監督としてもその境地に達した。ここにあげた言葉を眺めると、人間集団を率いるマネジメントの大家であったとの感を深くする。

冒頭の言葉の全文は次のようである。

「中途半端だと、愚痴が出る。いい加減だと、言い訳が出る。真剣にやれば、知恵が出る」

92歳 中村 天風

「どういう風に毎日、一日の人生を生きる……人生観」

中村天風（なかむらてんぷう、一八七六〔明治九〕年七月三〇日―一九六八〔昭和四三〕年一二月一日）は東京府（現・東京都北区）出身の思想家、実業家。日本初のヨガ行者で、天風会を創始し、心身統一法を広めた。「天風」という号は天風が最も得意とした随変流抜刀術の「天風」（あまつかぜ）という型からとられたものだ。

旧柳川藩の出身。修猷館《しゅうゆうかん》で学ぶが熊本済々黌高《せいせいこうこう》学生を正当防衛で刺殺し退学。その後、玄洋社の頭山満《とうやまみつる》に預けられ、気性の荒さから「玄洋社の豹《ひょう》」と恐れられた。日清戦争に備えて潜入した満州では「人斬り天風」と呼ばれる。

肺結核で北里柴三郎の治療を受ける。親交のあった孫文の親類になりすまして肺結核患者には渡航許可の下りなかったアメリカへ密航。コロンビア大学で学ぶ。帰国途中でインドのヨガの聖人・カリアッパ師と邂逅《かいこう》、そのまま弟子入りしヒマラヤで二年半修行。インドから日本へ向かう途中で孫文の第二次辛亥革命に巻き込まれ中華民国最高顧問に就任。帰国後は銀行頭取などを歴任するが、ある日感じることがあり一切の身分、財産を処分し、心身統一法を説き始める。

中村天風

「人々の心に勇気を与える言葉、喜びを与える言葉、何ともいえず、人生を朗らかに感じるような言葉を、お互いに話し合うようにしよう」

「いかなることがあっても、また、いかなることに対しても、かりにも消極的な否定的な言動を夢にも口にするまい、また行うまい。そしていつも積極的で肯定的の態度を崩さぬよう努力しよう」

「俺は体が弱いと思っていりゃ体が弱くなる。俺は長生きできないと思っていりゃ長生きできない。俺は一生不運だと思っていりゃ不運になる。つまりあなた方が考えているとおりにあなた方にあなた方がしているんです」

「人生も国家の命運も、最終的には個人の根底に流れる精神力による決断力と行動力に委ねられる」

「陽気の発する処、金石また透る」

「『肛門を締める』につれて両肩の力を抜き、静かに息を吐く動作から始まる」

「ザックリと人生を捉えよ」

「一芸とは一つの芸事のみを指すのではなく、それに打ち込むことで、『心の修行』に励み、悟りの境地に到達するという意味なのだ」


人生観というと大げさになってしまう。一年三六五日として一〇〇年生きたとしても三万六五〇〇日余。この有限の生涯の貴重な今日一日をいかに過ごすべきか。こういう問いを発し、その答えを実践していくことが大事だと天風は教えてくれる。波瀾万丈の人生を生きたこの人の言葉は心に沁みるものがある。

冒頭の言葉の全文は次のようにある。

「どういう風に毎日、一日の人生を生きることが、一番我意を得たものになるかという、その考え方が、人生観なんです」

（92歳）安岡　章太郎
「人生に知恵と勇気を与えてくれる名言はあるものです」

安岡章太郎（やすおかしょうたろう、一九二〇〔大正九〕年五月三〇日―二〇一三〔平成二五〕年一月二六日）は、高知県出身の小説家。

一九五三（昭和二八）年から一九五五年ごろにかけて文壇に登場した新人作家。安岡章太郎、吉行淳之介、遠藤周作などを山本健吉が、第一次・第二次戦後派作家の本格派に対し、私小説を中心とした「第三の新人」と命名した。安岡はその旗手だった。

一九五三年には、選考委員の評価が真っ二つに割れながらも『悪い仲間』と『陰気な愉しみ』により、芥川賞を受賞した。

以後、戦後の家族の崩壊を描いた『海辺《かいへん》の光景』（一九五九年）で芸術選奨と野間文芸賞を受賞。『幕が下りてから』（一九六七年）で毎日出版文化賞。自らの家系をたどった歴史小説『流離譚《たん》』（一九八一年）で日本文学大賞、母方の家系をたどった『鏡川』（二〇〇〇年）で大佛《おさらぎ》次郎賞。『僕の昭和史』で野間文芸賞。一九九二年には現代文学に貢献したとして朝日賞を受けた。一九九五年には中里介山の未完の小説『大菩薩峠』をテーマにした評論『果てもない道中記』を発表しベストセラー。二〇〇一年、文化功労者に認定される。

安岡章太郎

生涯、学校と軍隊と病院に象徴される近代社会における抑圧や束縛を嫌い、「劣等生」「ナマケモノ」を自称した小説家だった。

冒頭の言葉の全文は次のようにある。

「人生に悩みはつきもの、特に人生の転換点で、その後の人生に知恵と勇気を与えてくれる名言はあるものです」

自分の感じていることを誰かが短い言葉で説明してくれるのを発見すると深く共感する。迷っているときに一条の光が差すように、ある言葉が向こうから目に飛び込んでくる。名言は人生行路を照らす先人たちの知恵の光であり、次の航海にこぎ出す勇気を与えてくれる励ましである。悩み多き安岡は名言の蒐集《しゅうしゅう》家であったのではないか。

第六章　夢がある

105歳

日野原 重明

「しかし、人間は生き方を変えることができる」

日野原重明（ひのはらしげあき、一九一一〔明治四四〕年一〇月四日―二〇一七〔平成二九〕年七月一八日）は、山口県出身の医師、医学博士、聖路加国際病院名誉院長。

二〇一一年一〇月四日、日野原重明先生の記事と広告が多いのが目立った。日野原先生の満一〇〇歳の誕生日だからだろう。九〇歳のとき、著書『生きかた上手』は一二〇万部のベストセラーになり、日本最高齢のミリオンセラー作家となった。

二〇一〇年一一月七日、新横浜の新幹線の待合室で偶然に隣に座って言葉と名刺を交わしたことを思い出す。そのとき、「こんなことをやっています」ともらった名刺は、「新老人の会」の代表という肩書だった。七五歳以上を新老人と呼び、自分自身を健康情報の研究に活用しようという団体だ。その七五歳から三〇年という歳月を日野原先生が生き抜いていたのは見事だ。新老人の生き方のモデルである。

最後まで現役の医師であった日野原重明は、九〇歳を超えた最晩年の鈴木大拙を診ている。四八歳だった。一九七〇年、福岡での内科学会への途上に日航よど号ハイジャック事件に遭い、韓国の金浦国際空港で解放される。同乗していた吉利和《よしとしやわら》（東京大学医学部教授、犯人に教え子がいた）と、乗客の健康診断をした。事件に遭ったのを契機に内科医としての名声を追求する生き方をやめた。五九歳だった。

『文藝春秋』に載っていた「健康心得」一〇ヵ条が参考になる。⑴小食（腹七分）、⑵植物油、⑶階段は一段飛びで（絶対にエスカレータには乗らない。競争する）、⑷速歩、⑸いつも笑顔で、⑹首を回す（風呂で首を上下左右に回し、最後は耳が水面に触れるまで横に倒す）、⑺息を吐ききる（うつぶせで眠ると腹式呼吸になり、いびき、肩こり、腰痛がなおる）、⑻集中、⑼洋服は自分で購入、⑽体重、体温、血圧を計る。

日野原重明

「本当に学ぶべきなのは、問題とどう取り組むか、どういう戦略を立てるべきかということである」

「死はグッバイではなく、シー・ユー・アゲインなのです。天国でまたお会いしましょう、というしばしのお別れです」

今までやったことのないことをする。会ったことのない人に会う。そして常に自己革新を続ける。一〇三歳で初めて馬に乗る。一〇四歳の誕生日には一〇〇歳から始めた俳句を一〇四つ収めた初めての句集を出版する。そしてフェイスブックも始めている。やるべき崇高な仕事があり、その生き方が多くの人に夢と希望を与える大きな人生だった。人生一〇〇年時代のモデル、一〇五歳まで生き切った日野原重明は聖なる人となった。

96歳　安藤　百福
「針は時間を刻んでいるのではない。自分の命を刻んでいる」

安藤百福（あんどうももふく、一九一〇〔明治四三〕年三月五日—二〇〇七〔平成一九〕年一月五日）は、台湾出身の実業家、発明家。

日本で「チキンラーメン」と「カップヌードル」を開発し、世界的に普及したインスタントラーメン産業の創始者となった。日清食品の創業者。

ハレー彗星の接近の年に生まれた安藤百福は、四八歳でチキンラーメンの開発に瞬間油熱乾燥法を用いて成功した。六一歳で究極の加工食品と呼ばれるカップヌードルを開発する。直後の一九七二年のあさま山荘事件で機動隊員がカップヌードルを食べる映像で大ブームとなった。そして永年の夢であった宇宙食ラーメン（スペース・ラム）を開発しNASAに提供し野口聡一宇宙飛行士が宇宙で食べたのは九五歳のときであった。九六歳の一月五日に亡くなったが、日清食品の社葬は宇宙葬であったというから徹底している。

安藤の人生を眺めてみると、敬服と同時にある種の滑稽さも感じる。横浜の安藤百福発明記念館（愛称はカップヌードルミュージアム）を訪れたとき、子供たちに圧倒的な人気があったので驚いたことがある。安藤は、食産業は平和産業であると認識していた。

安藤百福

「社長とは権力ではない。責任の所在を示している」

こういう言葉を数多く残している安藤は、単なる発明家ではない。ある種の思想家的資質もあったように思う。

食に関する疑問「?」を徹底的に研究し、実験し、失敗し、少しずつ山を登っていくと、真実「!」に近づいていく。その作品がチキンラーメンであり、カップヌードルであり、そして宇宙食ラーメンであった。イノベーターの人生というものは、こういった道程の繰り返しだろう。小さな疑問を一生かけて解いていく。常にまず疑問を持つことから始めたい。

95歳 岩佐 凱実

「『運鈍根』……真打ちは『根』だ」

岩佐凱実（いわさよしざね、一九〇六〔明治三九〕年二月六日—二〇〇一〔平成一三〕年一〇月一四日）は、東京府（現・東京都豊島区）出身の実業家、銀行家、経済同友会代表幹事、安田銀行常務、富士銀行頭取、経団連副会長、日本心臓財団会長。

岩佐は一九六六（昭和四一）年の芙蓉グループ結成にあたって中心的役割を果たし、このグループの中心人物として活躍。丸紅と高島屋飯田の合併を行なう。一九六五年の山一証券の経営危機を救った日銀特融の主役の一人。

「運・鈍・根」という言葉はよく知られているが、この三つの関係を語ったのが岩佐の慧眼である。生涯に誰にも訪れる「運」をつかむことができるか。次にその「運」を生かすためには、「鈍」つまり打たれ強さがいる。ここまではなんとかできるかもしれないが、最後の「根」がなかなか続かない。根は粘り強さと理解したい。岩佐はこの関係を解きほぐしてくれた。

岩佐凱実

冒頭の言葉の全文は次のようにある。
「人間、『運鈍根』と言われるが、三つのうちどれが大切かと言われたら、それはやっぱり『根』だろう。運が開かれることも必要だが、それを深め、広げるのは『鈍』であり『根』。真打ちは『根』だ」

94歳
江戸 英雄
「経営者は人間として部下と対峙できるか」

江戸英雄（えどひでお、一九〇三〔明治三六〕年七月一七日―一九九七〔平成九〕年一一月一三日）は、茨城県出身の実業家。三井不動産の復興に尽力し、社長、会長を務めた。また、東京ディズニーランド、筑波研究学園都市の建設にも力を注いだ。

江戸英雄

「経営者としての肩書きを取り去ったあとの人間の中身を、部下の社員の目にさらしたとき、恥ないだけの自信があるかどうか」

「人脈が広いなどと言われますが、もともと人と人の触れ合いを大切にすることを人生の一つの指針としてきましたし、人の相談にはできるだけのことをするよう心がけてきました。それでいつしか人脈が広がったんでしょう。日常の人の世話が仕事に生きてくる」

「対峙する」という言葉には厳しさがある。互いに一人の人間として、真正面から向かい合う、にらみ合う。この気力と器量なくしては、人を心服させることはできない。

冒頭の言葉の全文は次のようにある。

「経営者は人間として部下と対峙できるか。その時、自分を支えるのは公私のけじめをはっきりさせた身辺の清潔さである」

(94歳) 川田　龍吉

「男爵いも」――川田龍吉男爵の五五歳からの大仕事

川田龍吉（かわだりょうきち、一八五六〔安政三〕年三月一四日〔新暦四月一八日〕―一九五一〔昭和二六〕年二月九日）は、土佐国（現・高知県）出身の実業家。男爵。

川田龍吉は、生没年からは江戸、明治、大正、昭和、そして戦後まで生きた九四年の人生だったといえる。「生まれは南、最後は北、江戸――昭和」と本人が言っているように、すごい人生だった。土佐出身の父・小一郎（三菱創立の一人、のちに日銀総裁）に従って東京に出て、慶応義塾に入学する。

一八七八（明治一一）年に勃発した「西南の役」で新興の郵便汽船三菱会社は、政府軍の軍事輸送にあたり、急速な発展を遂げる基礎を築いた。そのため、造船工学や船舶機械に精通した技術者が必要となり、父・小一郎の「一職工から叩き上げてくれ」という願いを引き受けてくれたスコットランドの造船所長のもとに、龍吉は三菱の社船を製造していた英国グラスゴーに派遣されることになった。そして鋳造、造機、製図など多方面にわたる実地訓練に励み、その後グラスゴー大学の技芸科で最新知識を学んだ。造船所から与えられた技術証明書には、「彼は、第一級の技能者であると同時に、優れた設計者であると信ずる」と書かれてある。

父は日銀総裁として日清戦争の戦費調達に尽力したことをもって、民間人としてはもっとも早く男爵の爵位が与えられた。ちなみに小一郎に日銀で鍛えられたのが、三九歳で日銀に入り頭角を現わす高橋是清である。高橋はのちに一九〇四年の日露戦争の外債募集を成功させている。川田小一郎の薫陶と指導のたまものだろう。

龍吉は父の死後、男爵の爵位も継承した。そして四一歳の男爵は横浜ドック株式会社の初代社長となり、現在のランドマークタワーのそばの日本丸を係留しているドックをつくる。このころ、川田は蒸気自動車ロコモビルを手に入れ、牛込から横浜ドックまでの通勤に使っている。日本人初のオーナードライバーである。順調だった経営も、軍国主義の風潮下、国内の主要産業を兵站部と見なした軍部による露骨な干渉もあり、社長を退いた。

しかし経営危機に陥った函館ドックの再建のため、渋沢栄一らから期待され、川田龍吉と弟の川田豊吉は北海道に渡り、経営を立て直す。その後、一九一一年には五五歳の働き盛りで専務取締役を辞し、弟の川田豊吉が後任となる。横浜ドックの社長退任と同様に見事な出処進退だった。

川田龍吉

川田龍吉は、五〇代半ばにしていわば功なり名を遂げたことになる。あとは悠々自適の生活に入るところだが、そうはならなかった。それから亡くなるまでのほぼ四〇年間を、さまざまな事業の企画や農事研究に励んでいる。

オランダの海外拠点であったインドネシアの首都ジャカルタに由来する「ジャガタライモ」を略してジャガイモというようになったが、このジャガイモは別名を馬鈴薯《ばれいしょ》という。寒冷地での飢饉の救済に役だった。多くの品種があったが、ある品種は、品質・収穫ともにすぐれており、川田はその原名を知らずに輸入栽培した。一九一三（大正二）年の大凶作では、近隣農家はこのイモで乗り切った。そしてこの種イモを男爵薯として出荷し、それがしだいに評判を呼んで、男爵薯＝男爵いもの名前は不動のものになっていく。男爵とはもちろん川田龍吉の爵位である。男爵薯に関する龍吉の年譜を並べてみよう。

五〇歳　七飯に農業用地約九町歩を購入。
五二歳　輸入した種イモを七飯の清香園農場に播き付けする。このなかに男爵薯の原種、アイリッシュ・コブラーが含まれていた。
五七歳　七飯に植えた早生イモが近隣に広まる。
六二歳　大野の徳川農場へ種イモとして男爵薯を分譲する。
六六歳　男爵薯の成果高まる。
七二歳　北海道農事試験場より道庁の奨励品種に指定される。

七六歳　全道移出農産物品評会で、第一位となる。

北海道では相次ぐ凶作、不況などによる生活苦から救われたため、それを導入し、栽培し、普及させた川田男爵に対して感謝の念が強かった。恩義を感じた人々は、「男爵薯発祥の地」の記念碑を七飯町鳴川に建てている。五五歳までの実業世界における成功よりも、男爵薯という優れたブランド商品をつくりあげるきっかけを提供したことが、のちのちまでの尊敬と感謝をもらうことになった。

函館近郊の北斗市にある男爵資料館は、男爵いもを開発した川田龍吉の資料館である。男爵資料館は、牛舎を改造した建物である。本館は一階にトラクター、芝刈り機、ガーデントラクターなどを展示してある。二階から続く新館は三階建てで、一階はロコモビル蒸気自動車、二階は実験道具・資料文献、三階は農・林・鉱業用具などの展示。全部で五〇〇〇点の資料が展示されている。この資料館ではヒゲの男爵の服装をした案内人が説明してくれるという趣向である。

川田龍吉が長い長い人生を終えた翌年に、スコットランド時代の恋愛の相手であるジェイニー・エディからの手紙が金庫から発見された。これは、伊丹政太郎とアンドリュー・

コビング著の『サムライに恋した英国娘』（藤原書店）という本に詳しい。

留学時代に地元の若い娘ジェイニー・エディと恋愛する。ジェイニーが龍吉宛に出した手紙が八九通残っている。龍吉の死後、金庫から発見された手紙からこの若き日の恋愛の事実がわかった。帰国前、龍吉がジェイニーに伝えておいた住所に着いたはずの彼女の手紙は、父親が手を回していたこともあり、龍吉は読むことはできなかった。

このロマンスは、一九七九年に「いもと男爵と蒸気自動車」というタイトルで愛川欣也が川田龍吉を演じたNHKドラマになった。『サムライに恋した英国娘』は一〇〇通のラブレターを読み解いたロマンあふれる労作である。著者は、このNHKドラマのディレクターだった人物である。

川田は、九二歳になって近くのトラピスト修道院で洗礼を受けている。このトラピスト修道院は娘のテレジアが入り、病気で亡くなった修道院である。川田は最後はキリスト教徒としての人生を送る。

幕末から戦後までという途方もなく大きな時間と空間を駆け抜けた川田龍吉は、前半の実業家人生よりも、後半の五五歳からの農事家としての人生で歴史に名を残したということになる。

91歳　弘世 現

「流れに逆らっちゃいかん。しかし流れに流されてもいかん」

弘世現（ひろせげん、一九〇四〔明治三七〕年五月二一日―一九九六〔平成八〕年一月一〇日）は東京府（現・東京都千代田区）出身の実業家、日本生命社長。同社の「中興の祖」と呼ばれた弘世助太郎の娘婿。

弘世は名門の生まれで、東京帝国大学を卒業と同時に旧彦根藩の御用商人であった弘世家の婿養子となり、三井物産で一六年間を過ごす。その後、日本生命の取締役として転身した。その後四四歳から一九八二年まで三五年間にわたり社長を務めた。

弘世現

浅利慶太や石原慎太郎のスポンサーとして昭和時代を代表する建築物である日比谷の日生劇場を実現させた。ビジネスを行なうビルであると同時に劇場としての大空間も必要であるという二律背反を解決するために、設計者の村野藤吾は一階部分を開放し、劇場を上にあげた。商業的には問題はあったのだが、弘世社長の英断であった。

「流れ」は不思議なものだ。野球でも一瞬で流れが変わることがよくある。麻雀は流れを見極め、逆らわず打つことが重要だ。政治も風向きをいかに読むかが盛衰に直結する。人生においても運気の流れは確かにある。そして組織体の運営にも流れがある。運を営むという意味の経営においても、流れの見極めが重要だ。流れに逆らわず、流れに流されず、という弘世現の言葉には経営者としての叡智が感じられる。

(90歳) 立石 一真
「大企業病」

立石一真（たていしかずま、一九〇〇〔明治三三〕年九月二〇日―一九九一〔平成三〕年一月一二日）は熊本県出身の実業家。

オムロン創業者の立石一真は、熊本高等工業学校（現・熊本大学）卒業の技術者でもあり、一九三三（昭和八）年にオムロンの前身である立石電機製作所を起業するなか、一九六〇年には当時の立石電機の資本金の四倍をかけて中央研究所を設立。ここから計算能力をもつ自販機や自動改札機、オートメーション機器などが生み出された。

この人が生んでその後ずっと生きている名言がある。それが「大企業病」である。中小企業を立ち上げた立石は五〇歳を過ぎてから倒産寸前の企業の売り上げを一〇〇〇倍にし、世界的大企業へと飛躍させた。

盤石にみえる大企業も案外もろい。その病を大企業病と名付け、それを克服していった慧眼に敬服する。私も企業にいたときに立ち向かった相手はこの病だった。一つの言葉が多くの大企業の失敗の原因を鮮やかに示し、多くの経営者や管理者に影響を与えた。

立石一真

「ものごと〝できません〟というな。どうすればできるかを工夫してみること」と言う立石は、三割のリスクは飲み込んで決断を下していく。

そして「最もよく人を幸せにする人が最もよく幸せになる」と言い、障害者事業など社会貢献事業も展開していった。人のために頑張ることが自分のためになるという人生哲学である。

(90歳) 梅棹 忠夫
「知識は、あるきながら得られる」

梅棹忠夫（うめさおただお、一九二〇〔大正九〕年六月一三日―二〇一〇〔平成二二〕年七月三日）は、京都府出身の生態学者、民族学者、情報学者、未来学者。国立民族学博物館名誉教授、総合研究大学院大学名誉教授、京都大学名誉教授。理学博士（京都大学、一九六一年）。従三位勲一等瑞宝章。日本中東学会初代会長。

冒頭の言葉の全文は次のようである。

「なんにもしらないことはいいことだ。自分の足で歩き、自分の目で見て、そのけいけんから考えを発展させることができるからだ。知識は、あるきながら得られる。あるきながら本をよみ、よみながらかんがえ、かんがえながら、あるく。これは、いちばんよい勉強

梅棹忠夫

のほうほうだと、わたしはかんがえている」

この梅棹忠夫の言葉には、大いなる自由を感じる。あらゆる文献を読み、世界を探検して歩いた、この碩学の学びの極意がここにある。

梅棹忠夫の本には、引用はない。本は読まないのかと問うたことがある。自分はオリジナルなことしか書かないようにしている。本は読むが、それは誰も言っていないことかどうか確かめるためだ、との答えであり、心底から驚いたことがある。

私の人物記念館の旅も、なんにも知らずに出かけて行って、そこで事績を知り、その場で人となりを知って、帰路の途中や自宅に戻った後で集めた資料を読み込む。目的意識が高まっているから、砂にしみ込むように知識が入ってくる。

なんにもしらないことはいいことだ、この励ましを念頭に、自由に旅に出ることにしよう。

(90歳) 藤原 銀次郎
「仕事の報酬は仕事である」

藤原銀次郎（ふじわらぎんじろう〔「ふじはら」とも〕、一八六九〔明治二〕年六月一七日〔新暦七月二五日〕―一九六〇〔昭和三五〕年三月一七日）は、信濃国（現・長野県）出身の実業家、政治家。

戦前の三井財閥の中心人物の一人で、富岡製糸場支配人から王子製紙の社長（初代）を務め「製紙王」といわれた。その後貴族院議員に勅選され、貴族院廃止まで在任。米内《よない》内閣の商工大臣、東條内閣の国務大臣、小磯内閣の軍需大臣を歴任した。戦前の財界には日本全国に篤志家がいたが、藤原はそのうちでも最も代表的な人物であった。

藤原には『福澤諭吉　人生の言葉』という著書がある。自己の体験を基に、福澤諭吉が教えようとした日常生活の訓言を抜き出した本で、第一級の処世観・経営観をわかりやすく説いている。「偉大なる平凡人」が到達した境地だ。自身を平凡人とみているだけに、藤原の言葉は胸を打つものが多い。

藤原銀次郎

「第一に知恵である。第二に涙である。第三に勇気である」
「いやしくもこれをもって身を立ててゆこうというならば、ほんとうに自分で一生懸命になって自分の仕事を覚えてゆくというのでなければならない」
「事業は人なりとは、昔から変わらぬ私の信念である。八〇余年の永い私の過去を振り返ってみて、事業が興るのも衰えるのも、結局人次第であると信じる念はいよいよ強くなってきている」

冒頭の「仕事の報酬は仕事である」とは、藤原銀次郎の言葉だったのか。報酬とは金ではない、地位でもない。優れた仕事をすると、さらに困難な、やりがいのある仕事が与えられる。それがキャリアを磨くということなのだ。

90歳

堀場 雅夫

「出る杭は打たれるが、出すぎた杭は誰も打てない」

堀場雅夫（ほりばまさお、一九二四〔大正一三〕年一二月一日—二〇一五〔平成二七〕年七月一四日）は京都府出身の起業家、医学博士。東証一部上場の分析・計測機器メーカー堀場製作所創業者および同社最高顧問。

京都帝国大学在学中、堀場製作所の前身である堀場無線研究所を創業。京都帝大理学部物理学専攻卒業後、堀場製作所設立。同社を、世界トップシェア製品を抱えるメーカーへと育てた。学生ベンチャーの草分け的存在とされ、ベンチャー企業の育成に積極的にかかわった。

「組織を変え、マンネリが出てきたらまた変える。縦割りから横割りへ、横から縦へという具合に繰り返せば、職場が沈滞するようなことはない」

「知らないことがあったら、すぐに調べるということを続けてください」

「指示されたことにプラスアルファの付加価値をつけて成果を上げる。このプラスアルファに上司は期待し、プラスアルファの大きい社員が仕事のできる社員なのである」
「引き受けた以上はしゃあない、やったろうやないか」
「つまらない瞬間を積み重ねても、つまらない人生しか送れません」

これらの言葉のうえに、次の冒頭の言葉の全文がある。

「出る杭は打たれるが、出すぎた杭は誰も打てない。出ない杭、出ようとしない杭は、居心地はよいが、そのうちに腐る」

堀場雅夫

著書でも多くのビジネスマンに影響を与えた堀場には、仕事に関する名言が多い。そのなかでも冒頭の言葉は好きだ。打たれ続けている杭は、いずれ出すぎた杭になっていく。

君はどの杭になろうとするか。

90歳

大倉　喜八郎

「自分で働いて儲けて、……次第次第に大きくなる」

大倉喜八郎（おおくらきはちろう、一八三七〈天保八〉年九月二四日〈新暦一〇月二三日〉―一九二八〈昭和三〉年四月二二日）は、明治・大正期に貿易、建設、化学、製鉄、繊維、食品などの企業を数多く興した越後国（現・新潟県）出身の実業家、中堅財閥である大倉財閥の設立者。ホテルオークラという超一流ホテルに名前を遺す。

大倉は毎日六時に出店し、深夜に帰るような仕事ぶりで、「三時間寝れば充分」と言っていたという。また、大倉の肉体的若さを証明する一番のものは、何といっても八〇代に子供を二人も授かった事実だろう。また長男の喜七郎という命名は喜八郎より一本たりないという意味でつけたのは笑いを誘う。

「予定より一〇パーセント安く仕上げて、その半分をお得意様に返し、残りを当社の利益にせよ。そうすればますますうまくいく」この考え方が人と事業を呼び、膨大な仕事量に結びついていく。

大倉が足跡を残した会社や団体を挙げてみよう。大成建設、大倉商事、ホテルオークラ、東京電力、東京ガス、帝国ホテル、新秋木工業、東海パルプ、日本化学工業、帝国繊維、東京製綱、リーガルコーポレーション、ニッピ、日清製粉、サッポロビール、アサヒビール、日本興業銀行、北海道拓殖銀行、帝国劇場、日本無線、千代田火災海上……。東京経済大学、関西大倉学園、大倉集古館、東京慈恵会、東京都養育院、済生会、東京商工会議所、東京新潟県人会……。

大倉喜八郎

そうしたなかに、次のような冒頭の言葉の全文があった。

「自分で働いて儲けて、一寸儲ければ一寸だけ、一尺儲ければ一尺だけ、次第次第に大きくなるのがよいのです」

陽明学はすべての人に初めから備わっている良知を磨き続けること（「至良知」）が大切であるとする。そのために「事上練磨」を強調し、知行合一の思想となった。陽明学徒を自称していた大倉喜八郎は、惑わず、憂えず、目前の課題に取り組むという事上練磨の精神で次第に大をなしたのである。

90歳 東山 魁夷

「時が過ぎ去って行くのでは無く、私達が過ぎ去っていく」

東山魁夷（ひがしやまかいい、一九〇八〔明治四一〕年七月八日―一九九九〔平成一一〕年五月六日）は、兵庫県（生まれは横浜市）出身の画家、著述家。

文章になっている言葉からもこの絵描きの豊富な教養を知ることができる。

平生からの信条は「生かされている」であり、この風景画家は天の声に従って日本の風景を生涯にわたって描き続けた。

評価されない時代も長く、途中で兵隊にとられたりして画家として世に出るのはずいぶんと遅かった。長い準備期間を経て本製作に入ったようなものだと述懐しているが、人生という大きな舞台で大ぶりの絵を描くには、準備期間が大切だということを暗示している。

善光寺の近くにある長野県信濃美術館・東山魁夷館を訪問し、この風景画家の作品に深い印象を受けた。六一歳でドイツ・オーストリアの旅に出るが、このときの心境を記した言葉に感銘を受けた。

「このまま安定した歩みを続けることは老いを意味し、心の躍動を失うのではないか。命の鼓動を取り戻すべきではないか」

東山魁夷

六三歳で描くことを決心した唐招提寺障壁画では、鑑真和上と対話する。山と海という二つの大きな主題である日本の風景を訪ね歩き、中国の風景を描く旅に出る。そして六七歳で第一期完成、七二歳で第二期を完成させる。

「無常と流転。流転とは生きているということ」というのも東山魁夷の言葉だ。常に流転し、変化し続け、いずれ散る命。その命と日本の優しく厳しい自然との交歓を描くという使命感を持った画家の透徹した人生観がここにある。

90歳　西園寺 公望

「旦那寺食わしておいてさてと言い」

西園寺公望（さいおんじきんもち、一八四九〔嘉永二〕年一〇月二三日〔新暦一二月六日〕―一九四〇〔昭和一五〕年一一月二四日）は、山城国（現・京都府）出身の公家、政治家、教育者。位階・勲等・爵位は従一位大勲位公爵。雅号は「陶庵」「不読」「竹軒」。

内閣総理大臣（第一二代・一四代）。清華家の一つ徳大寺家の次男として誕生。戊辰戦争に参加。明治四年、フランス留学。滞仏一〇年ののち帰国し明治法律学校を設立。東洋自由新聞を創刊。オーストリア、ドイツ、ベルギー各国の駐在公使などを務める。賞勲局総裁、枢密顧問官など経て、文相、外相を歴任。

一九〇〇（明治三三）年、枢密院議長。一九〇三年、立憲政友会総裁。一九〇六年に首相となり、以後、桂太郎と交互に首相を務めた。一九一九（大正八）年、パリ講和会議の全権委員。一九二〇年、公爵。最後の元老として大正末期から昭和初期にかけて、後継首相推薦の任にあたった。

しかし、この「最後の元老」といわれた実力者も、五・一五事件を経て次第に政治上の権力を失っていく。それでも最後まで軍部の圧力に屈せず、日本を導いていこうとした。だが、その努力は報われず日本は日独伊三国軍事同盟を締結して戦争に向かう。

西園寺公望

公望は五つか六つの頃から酒をちびりちびりと飲む子供だった。後年、洋服を着て参内したのも、公卿で断髪したのも公望が最初だった。進歩的思想の持ち主だった。

常に「名門だから」と言われる悲哀があり、実力をもって天下に立ちたいと、自由思想にあこがれていた。すべての官位を辞し、名も望一郎と平民的な名前に変えることもしている。

ただし、「いろいろやってみたが、結局、人民の程度以上にはならなかった」

九〇歳という高齢まで日本の近代化に努力した西園寺公望が、戦争に向かう道を防ぎきれなかったことを嘆いた言葉である。政党が育たなかったという嘆きだ。

公債を募集することになったとき、実業家たちを総理官邸に招き宴会を開いた。最初の挨拶は「旦那寺食わしておいてさてと言い」から始めて感心させた。こういうユーモアは威力がある。

第七章　心を忘れない

101歳 むの たけじ

「『反骨のジャーナリスト』というのは、二重形容だ」

むのたけじ（本名：武野武治、一九一五〈大正四〉年一月二日―二〇一六〈平成二八〉年八月二一日）は、秋田県出身のジャーナリスト。中学時代の恩師は石坂洋次郎。東京外国語大学を出て報知新聞社、朝日新聞社に記者として入社。

一九四五年八月一五日、戦争に加担した新聞記事を書いたとして責任を感じ退社。一九四八年、郷里の秋田県横手市で週刊新聞『たいまつ』を創刊。一九七八年の休刊まで主幹として健筆をふるう。蔵書一万五〇〇〇冊。

「脱皮しない蛇は死ぬ」

「主語をハッキリさせてものを言え」

「動詞を存分に働かせ」

「形容詞を使うな、事実を言え」

「言葉の持つ面白さを耕せ」

「『きょうコレヲ必ずヤル』『きょうコレヲ決シテヤラナイ』この二つを毎日やるか、やらないかは一生の豊凶を左右する」

「若者を友人とする老人はよく笑う。老人を友とする若者はよく考える」


むのたけじは、本を読む、学びたい人に会って話を聞く、この二つが自学自習のポイントだと言う。「仕事に精を出しながら、本を読み、人に会い続ける」ということだろう。

常に「今が人生のてっぺん」の人であった。

むのたけじ

「統制よりも怖いのは自主規制」
「どんな悪い平和でもいい戦争に勝る」

平和を願うなら、そのための記事を日記（ジャーナル）として書き続ける。その願いが主義（イズム）となり、ジャーナリズムになっていく。書き続けることが大事だ。

そもそも、反骨ではないジャーナリストというものは存在しない。解説や擁護はジャーナリズムではない。ジャーナリズムの本質を一言で述べた名言だ。ここに人生百年を真摯《しんし》に生きた人がいる。

95歳 田中 光顕

「死すべきときに死し、生くべきときに生くるは、英雄豪傑」

田中光顕（たなかみつあき、一八四三〔天保一四〕年閏九月二五日〔新暦一一月一六日〕―一九三九〔昭和一四〕年三月二八日）は、土佐国（現・高知県）出身の官僚、政治家。栄典は従一位勲一等伯爵。

口述筆記による回顧談『維新風雲回顧録』（新版が大和書房のち河出文庫）では、幕末には長州の高杉晋作、その後は土佐の中岡慎太郎、維新後は長州系の傍役として数々の要職についたと書き「いわば典型的な二流志士」であると自認し、それゆえに西郷、木戸、大久保、坂本など一流の志士とは別な視点を持ったとしている。

土佐藩家老・深尾家の家臣である浜田金治の長男として、高岡郡佐川村（現・高岡郡佐川町）に生まれた。土佐藩士・武市半平太の尊王攘夷運動に傾倒してその道場に通い、土佐勤王党に参加した。叔父の那須信吾は吉田東洋暗殺の実行犯だが、光顕も関与した疑いがある。しかし一八六三（文久三）年、同党が八月一八日の政変を契機として弾圧されるや謹慎処分となり、翌一八六四（元治元）年には同志を集めて脱藩。のち高杉晋作の弟子となって長州藩を頼る。

第一次長州征伐後に大坂城占領を企図したが、新撰組に摘発されたぜんざい屋事件を起こして大和十津川へ逃れる。薩長同盟の成立に貢献して、薩摩藩の黒田清隆が長州を訪ねた際に同行した。第二次長州征伐時では長州藩の軍艦丙寅《へいいん》丸に乗船して幕府軍と戦った。

田中光顕

のち帰藩し中岡慎太郎の陸援隊に参加。一八六七（慶応三）年、中岡が坂本龍馬と共に襲われる（近江屋事件）と、その現場に駆けつけて重傷の中岡から経緯を聞く。中岡の死後は副隊長として陸援隊を率い、鳥羽・伏見の戦いでは高野山を占領して紀州藩を威嚇、戊辰戦争で活躍した。維新後は新政府に出仕。岩倉使節団では理事官として参加し欧州を巡察。西南戦争では征討軍会計部長となり、一八七九（明治一二）年に陸軍省会計局長、のち陸軍少将。また元老院議官や初代内閣書記官長、警視総監、学習院院長などの要職を歴任した。一八八七年、子爵位を受けて華族に列する。一八九八年、宮内大臣。約一一年間にわたり、同じ土佐出身の佐々木高行、土方久元などとともに、天皇親政派の宮廷政治家として大きな勢力を持った。一九〇七年九月二三日、伯爵に陞爵《しょうしゃく》。一九〇九年、収賄疑惑の非難を浴びて辞職、政界を引退した。

政界引退後は、高杉晋作の漢詩集『東行遺稿』の出版や、零落していた武市半平太の遺族の庇護など、日本各地で維新烈士の顕彰に尽力している。また志士たちの遺墨、遺品などを熱心に収集し、それらは彼が建設に携わった茨城県大洗町の常陽明治記念館（現・幕末と明治の博物館）、旧多摩聖蹟記念館、高知県佐川町の青山《せいざん》文庫にそれぞれ寄贈された。その他、一九〇一年に日本漆工會の二代目会頭に就任、久能山東照宮の修理をはじめ漆器の改良などの文化事業を積極的に行なっている。

晩年は静岡県富士市富士川「古谿荘」（現・野間農園）、同県静岡市清水区蒲原に「宝珠荘」（のちに青山荘と改称）、神奈川県小田原市に南欧風の別荘（現・小田原文学館）等を建てて隠棲した。なお、昭和天皇に男子がなかなか出生しないことから、側室をもうけるべきだと主張。その選定を勝手に進めるなどして、天皇側近と対立した。また、一九三六（昭和一一）年の二・二六事件の際には、事件を起こした青年将校らの助命願いに動いた。その三年後、蒲原の別荘で没した。

八五歳の光顕は「幸いにして生きながらえている私どもの事業としては、国家の犠牲となって倒れたこれら殉難志士の流風余韻を顕揚することに努めねば相成らぬと深く考えている」と書いて終わっている。一九六八年の日付で孫によれば、田中は前記の収集した志士たちの遺墨を各命日に出して香をたき、冥福を祈っている。先の記念館などへの寄贈は、それらが散逸しないようにしたものである。旧多摩聖蹟記念館のある公園の入り口から少しのところに、明治天皇御製の碑があった。「正二位勲一等伯爵　田中光顕　謹書」とある。

生きるときに生き、死すべきときに死す、それが英雄豪傑の証明だ。そういう述懐をする田中光顕は、自身を二流の人物だと考えていたが、生涯を追うとやはり見事な人生だったと感じる。維新前夜から昭和まで、九五歳まで生き延びた田中は、「儂は今年で八十三になるが、まだ三人や五人叩き斬るくらいの気力も体力も持っている」と語ったように、その気力と体力を使って英雄豪傑たちの顕彰に晩年を捧げたのだ。こういう人生もある。

95歳 松永 安左ヱ門
「大きな妥協は大きな人物にならなければできない」

松永安左ヱ門（まつながやすざえもん、旧字：安左衞門、一八七五〔明治八〕年一二月一日―一九七一〔昭和四六〕年六月一六日）は、長崎県出身の財界人、政治家（帝国議会衆議院議員一期）。美術コレクター、茶人としても知られ、「耳庵《じあん》」の号を持つ近代小田原三茶人の一人。

「電力の鬼」や「電力王」と称された松永安左ヱ門は、数々の電力事業にかかわったあとに、現在の電力供給体制を発案し、強力に実行した人物だ。電気事業の国家統制に反対し東邦電力を解散するなど、信念の持ち主でもあった。小田原には松永記念館があり、松永の事績をたどることができる。

六〇歳から、先記の耳庵の号を持って、お茶に情熱を傾ける。孔子の「五〇にして天命を知る、六〇にして耳順う」からこの号を採用している。そして政財界の重鎮を招いて茶会を催す。茶を通じて交流した人の名を挙げる。杉山茂丸、福沢桃介、益田鈍翁、根津嘉

一郎（青山）、原山渓（富太郎）、小林逸翁（一三）、高橋箒庵（義雄）、野崎幻庵（廣太）、畠山逸翁（一清）……。

松永が六四歳のときに益田鈍翁没。六七歳では野崎幻庵没。七〇歳では山下亀三郎没。八三歳で小林逸翁没。八五歳では五島慶太没。九五歳という長寿の間に見送った友人の数は計り知れない。そのつど、松永は何を思っただろう。

冒頭の言葉の全文は次のようである。

「小さな妥協は小さな人物でもできるが、大きな妥協は大きな人物にならなければできない」

松永安左ヱ門

七七歳、電気事業再編を強行し「電力の鬼」と称される。経歴をたどってみるとまさに電力一筋の鬼気迫る仕事人生であるが、しかし冒頭の妥協に関する言葉をみると、この人は信念の人であったと同時に、妥協の天才でもあったのではないか。事業を起こし推進し成功させるには、小さな妥協、中くらいの妥協、大きな妥協など、妥協の連続であっただろうことは想像にかたくない。

六〇歳からの茶人としての生き方は、大きな人物に向かっての修行でもあっただろう。

(93歳) 宇都宮 徳馬

「核兵器に殺されるよりも、核兵器に反対して殺される」

宇都宮徳馬(うつのみやとくま、一九〇六〔明治三九〕年九月二四日―二〇〇〇〔平成一二〕年七月一日)は、昭和から平成の東京府(現・東京都品川区)出身の実業家、政治家。

京都帝国大学在学中、河上肇に師事し、不敬罪で検束され退学。一九三八(昭和一三)年にミノファーゲン製薬を設立し、社長。一九五二年、衆議院議員(以降当選一〇回、自民党)。

自民党内では異色のリベラリストだった。「ロッキード事件」の処理に憤激し議員を辞職、離党もした。一九八〇年、無所属で参議院議員（以降当選二回）。宇都宮軍縮研究室を設立、軍縮や日中友好に尽力した。一九九二年、引退。著作に『アジアに立つ』など。

師の石橋湛山は、世界で活躍するためには、大日本主義を棄てねばならないと言った。「満州・台湾・朝鮮・樺太等も必要ではないという態度で出づるならば、戦争は絶対に起こらない。したがって我が国が他国から侵さるるということも決してない」。そして中国、東洋の弱小国全体を道徳的支持者とすることが日本にとっての大きな利益となると説いている。それが「小日本主義」である。

湛山の弟子・宇都宮徳馬に師事した田中秀征は、この考え方を「質日本主義」と言い、佐高信は、「良日本主義」と呼んでいる。

宇都宮徳馬

小日本主義、質日本主義、良日本主義と、どのように呼ぼうと、石橋湛山、宇都宮徳馬、田中秀征と続くリベラルの流れは大日本主義と対峙する貴重な流れである。その宇都宮が後世に残した冒頭の言葉には重いものがある。そして「殺される」のあとに「道を私は選ぶ」と続いているのだが、この意志を示すことがより重要なのだろう。

（92歳）大田 昌秀

「日本本土の『民主改革』は沖縄を米軍政下に置く……前提」

大田昌秀（おおたまさひで、一九二五〔大正一四〕年六月一二日―二〇一七〔平成二九〕年六月一二日）は、沖縄県島尻郡具志川村（現・久米島町）出身の政治家、社会学者。元沖縄県知事、元社会民主党参議院議員。琉球大学名誉教授。特定非営利活動法人沖縄国際平和研究所理事長。

九二歳の誕生日に亡くなったというニュースが各メディアで流れた大田は、沖縄師範学校在学中に沖縄戦を体験。早稲田大学を卒業し、ニューヨーク州シラキュース大学大学院で修士号取得。東大、ハワイ大、アリゾナ州立大で教育と研究を行なう。三三歳から六四歳まで琉球大学に奉職し、法文学部長も務める。

その後、一九九〇年から二期八年（六五歳から七三歳）にわたり、沖縄県知事として一三〇万県民のリーダーとして活躍する。そして二〇〇一年からの六年間（七六歳から八二歳）、参議院議員を務める。

米軍の公式記録には、「沖縄決戦は、第二次世界大戦を通じて最も激烈であり、最も損害（米軍）の多い戦闘であった」と記されている。

と同時に、この沖縄戦は、市民が盾となった戦争であり、地元住民は異民族的な扱いを受けており、一九四五（昭和二〇）年の三月の末から六月にかけて沖縄本島その他の島でも集団自決が行なわれている。個別に糸満市の荒崎海岸でのひめゆり学徒隊の自決はよく知られている。

住民対策が行なわれていたなら犠牲者数は半減、あるいは三分の一に減らすことができたが、日本はそういう対策はまったくしていなかったのである。

第二次世界大戦での沖縄戦は、全人口の三分の一が命を失う一大悲劇だった。大田は長い教育と政治の経験のなかから、軍事基地問題を解決しない限り、沖縄の明るい未来を切り拓くことは困難だと痛感していた。

大田昌秀

大田は「何故に沖縄だけが日本から分離されたか」という問題をずっと追った。米軍は北緯三〇度線で区切り、奄美大島は沖縄と切り離されて米軍占領下に置かれた。

それは大和民族と琉球民族との境目であり、方言も違うし、また生態系も異なるという理由だった。

本土防衛の「捨石」となったうえに、日本は自らの独立と引き換えに沖縄を敵であった米軍の占領下に委ねてしまう。当時、天皇のメッセージも日本の安全のために沖縄を犠牲にという考え方があった。結果的に沖縄は米国でもなければ、日本でもないという宙ぶらりんな立場となる。

日本本土の「民主改革」は沖縄を米軍政下に置くことが前提で成立したものであり、その立場から日本の戦後を問わなければならないという大田昌秀は、ガンジーとキング牧師を尊敬し、折に触れて二人の本を愛読している。「改憲されると戦後日本の民主主義は死滅する」という真摯な態度と表情は胸を打つものがある。

冒頭の言葉の全文は次のようである。

「日本本土の『民主改革』は沖縄を米軍政下に置くことが前提で成立したものであり、その立場から日本の戦後を問わなければならない」

（91歳）小野田 寛郎
「私はただ、少し遅れて帰ってきた」

小野田寛郎（おのだひろお、一九二二〔大正一一〕年三月一九日—二〇一四〔平成二六〕年一月一六日）は、和歌山県出身の大日本帝国の陸軍軍人、実業家。最終階級は予備陸軍少尉。旧制海南中学校・久留米第一陸軍予備士官学校・陸軍中野学校二俣分校卒。情報将校として太平洋戦争に従軍し遊撃戦（ゲリラ戦）を展開、第二次世界大戦終結から二九年の時を経て、フィリピンのルバング島から一九七四（昭和四九）年、日本への帰還を果たした。

小野田寛郎

一九四五年八月を過ぎても任務解除の命令が届かなかったため戦闘を継続し、情報収集や諜報活動を続ける。フィリピン政府を「アメリカの傀儡《かいらい》政権」と解釈した小野田は日本が繁栄していることは知っていた。士官教育を受けた小野田は、捜索隊が残した日本の新聞や雑誌で情報を得ていたが、日本はアメリ力の傀儡政権であり、満州に亡命政権があると考えていた。かつての上官である谷口義美元陸軍少佐から、文語文による山下奉文陸軍大将名の「尚武集団作戦命令」と、口達による「参謀部別班命令」で任務解除・帰国命令が下り、ようやく降伏する。

大きく変貌した日本になじめなかった小野田は帰国の半年後に、次兄のいるブラジルに移住して小野田牧場を経営することを決意。日本帰国後に結婚した妻の町枝とともにブラジルへ移住し、一〇年を経て牧場経営を成功させた。「祖国のため健全な日本人を育成したい」と、サバイバル塾『小野田自然塾』を主宰。

「何をやるにも三つの『ど』。努力、度胸、度量」

「貧しくたっていいじゃないか。乏しくたっていいじゃないか。卑しくなければ」

「何がないからできないというのは自分の能力のなさだ。自分の不備不明の致すところと心得よ」と中野学校で教えられていた小野田は、あらゆる手段を講じて生き延びた。小野田は自らを平凡で、小さな男であるというが、三〇年近く戦い続ける意志と能力を形づくった教育というものの影響力の大きさを思わざるをえない。

冒頭の言葉の全文は次のようにある。

「（世論では）私は『軍人精神の権化』か、『軍国主義の亡霊』かのどちらかに色分けされていた。私はそのどちらでもないと思っていた。私は平凡で、小さな男である。命じられるまま戦って、死に残った一人の敗軍の兵である。私はただ、少し遅れて帰ってきただけの男である」

91歳 後藤田 正晴「嫌いな人間だが、一緒に仕事はする」

後藤田正晴（ごとうだまさはる、一九一四〔大正三〕年八月九日—二〇〇五〔平成一七〕年九月一九日）は、徳島県出身の内務・警察・防衛・自治官僚、政治家。

警察庁長官（第六代）、衆議院議員（七期・徳島県全県区）、自治大臣（第二七代）、国家公安委員会委員長（第三七代）、北海道開発庁長官（第四二代）、内閣官房長官（第四五

代・四七代・四八代)、行政管理庁長官(第四七代)、総務庁長官(初代)、法務大臣(第五五代)、副総理(宮澤改造内閣)などを歴任し、「カミソリ後藤田」「日本のアンドロポフ」「日本のジョゼフ・フーシェ」などの異名を取った。

もうすこし早く政界に入っていれば総理になったと言われている人物だ。中曽根内閣の官房長官時の総理を押しとどめたエピソード、部下であったリスク管理の佐々淳行の著書などで、その辣腕ぶりと人情家ぶりは私もよく理解しているつもりだ。

「大衆というのは、個人個人をとってみれば、いろんな人がいる。賢い人もいるし、愚かな人もいる。しかし、全体としての大衆の判断は、非常に賢いといえるのではないか。だから、政治家だけでなく、公的な仕事にあたる人は、大衆のマスとしての判断は賢なり、という考え方で行動しなければ、必ず国民からしっぺ返しを受ける」

「政治家がいつも考えなければならないのは、国家、国民の運命である。そのためには、不断に勉強していなければならないが、特に歴史の教訓、国家の興亡の歴史に学ぶことが大変重要なことではないかと思う」

「悪い情報は深夜でも報告せよ。いい情報は明朝でいい」

「二人か三人しかおらん上役をごまかせないような奴は、一人前になれるワケがない。しかし、下の目はごまかせない」

「お茶くみのおばさんに愛されないような人間は偉くなろうと思うな。」

後藤田五訓は官僚に対する訓示だが、どの仕事にも当てはまる。

①出身がどの省庁であれ、省益を忘れ、国益を想え

②悪い、本当の事実を報告せよ

③勇気を以って意見具申せよ

④自分の仕事でないと言うなかれ

⑤決定が下ったら従い、命令は実行せよ

後藤田正晴

人間に好き嫌いはある。好き同士で仕事ができるならどんなにいいかと思うだろうが、それでは物事は成就しない。好き嫌いを超えて、あらゆる人と一緒に事にあたらなければならないのが真実だ。それを仕事師・後藤田正晴は教えてくれる。

90歳 岸 信介

「何をしたかということが問題」

岸信介（きしのぶすけ、一八九六〔明治二九〕年一一月一三日―一九八七〔昭和六二〕年八月七日）は、山口県出身の政治家、官僚。

岸信介は、「満州」と「安保」をやり遂げた人物である。「昭和の妖怪」と呼ばれた岸信介総理大臣は、日米安保の改定を行なったことが最大の業績として知られている。五つ下の弟は佐藤栄作総理だ。岸は長州佐藤家の次男であった。祖父は幕末の吉田松陰らの志士たちと交遊があり、維新後は島根県令を務めた。叔父は松岡洋右《ようすけ》である。岸の長女・洋子は安倍晋太郎と結婚する。その息子が安倍晋三総理だ。

総理辞職以後のインタビューを読んで、その慧眼に感心した。以下のものである。

「二大政党が望ましい。……一度自民党が野に下る必要がある、野党になる必要があると思うんだが。そのためにも小選挙区制で二大政党を育成すべきだという意見なんですがね」

「日韓、日華あたりでは、民間でも有力な人が言いたいことを本当にそのまま言い得るような場を持つことが意味があると思うんです」

（「憲法改正は近い時期に可能性があるものではないですよね」という問いに対して）

「わからないよ。世界情勢がどういう風に変わるかによってね」


また、戦犯として獄中にいたときの言葉はこうだ。


「獄中三楽、読書、静思、家書」

「人が孤独において、無為に閑居して退屈を感ずるというには、其の人に思想がないからである。独りを楽しむだけの人間的内容がないからである」

「天大任をその人下さんとするや、まづその人を苦しむ」

岸信介

冒頭の言葉の全文は次のようであり、トップの心構えのように聞こえるが、個人についても当てはまる警句である。お前は何をしに生まれてきたか。お前は何をしたか。

「内閣というものは、時期が長いのが偉いんじゃなしに、何をしたかということが問題であってね」

(95歳) 出光 佐三

「愚痴をやめよ、……そして今から建設にかかれ」

出光佐三(いでみつさぞう、一八八五〈明治一八〉年八月二二日―一九八一〈昭和五六〉年三月七日)は、明治から戦後にかけての福岡県出身の実業家、石油エンジニア、海事実業家。石油元売会社・出光興産の創業者。

出光佐三には、二人の恩人がいる。中津出身の神戸高等商業学校の水島銕也初代校長。淡路出身の日田重太郎からは別荘を売った八〇〇〇円を無条件で提供してもらった。

出光佐三の「奴隷となるな」のモットーは、時代とともに変わっていく。「黄金の奴隷となるな」（学生時代）、「組織の奴隷となるな」（戦時中）、「権力の奴隷となるな」（占領時代）、「数や理論の奴隷となるな」（独立後）、「主義の奴隷となるな」。

「人格を磨く、鍛錬する、勇んで難につく、つとめて苦労する、隠忍する、贅沢を排して生活を安定する、しかして大いに思索する」

「ドイツは戦争に負けたが、占領政策には敢然として戦っております。ドイツの再興はわれわれの手でやりたいと言っている」

出光佐三

百田尚樹の小説『海賊とよばれた男』（講談社刊）で出光佐三は最近、脚光を浴びた。こんな人物が日本の石油業界にいたことの幸運を感じずにはいられない物語だった。

人との出会い（日田重太郎ほか）、石油という魔物の商品に着目したこと、戦争など激動の歴史のなかで翻弄される主人公、何度も訪れる危機で出会う僥倖、アメリカと日本官僚と同業者とのえんえんたる戦い、家族と呼ぶ社員たちの奮闘、企業よりも日本を優先する思想、お世話になった人たちへの義理堅さ、危機に際し原則と方針を明確に指し示すリーダーシップ、禅僧・仙厓の絵との遭遇と蒐集（月は悟り、指は経典）、丁稚奉公の主人や神戸高商校長の影響……。

このような真の日本人がさまざまな分野と業界にいたのだろう。その日本人が礎となって今日の日本がある。

戦後倒産の危機にあったとき、出光佐三が社員全員に向かって発した第一声がこの言葉だった。「愚痴をやめよ、世界無比の三〇〇〇年の歴史を見直せ。そして今から建設にかかれ」、愚痴は何も生まない。愚痴は同僚を疲弊させ、空気を淀ませる。沈滞した空気を切り裂くのはリーダーの未来を信じる言葉だ。建設の槌音が聞こえる職場は負けることはない。

94歳　阿川 弘之
「人はどんどん変わっていける」

阿川弘之（あがわひろゆき、一九二〇〔大正九〕年一二月二四日―二〇一五〔平成二七〕年八月三日）は、広島県出身の小説家、評論家。広島県名誉県民、日本芸術院会員。日本李登輝友の会名誉会長。文化勲章受章。代表作に『春の城』『雲の墓標』のほか、大日本帝国海軍提督を描いた三部作『山本五十六』『米内光政』『井上成美』など。

阿川弘之

阿川弘之さんには航空会社勤務時代にお会いしたことがある。広報誌にエッセイを書いてもらったときに部下の言動で何かトラブルが生じ、責任者の私がご自宅にお詫びに行くということになった。この先生は海軍に関する書物やエッセイを書いており愛読していたので、「五分前の精神」で約束の時間の五分前にベルを押してうかがった。そのときに日本海軍に関する日ごろの読書が役にたちすっかりご機嫌を直してもらった記憶がある。その後、社内論文の審査委員長をお願いしたこともある。

冒頭の言葉の全文は次のようにある。

「『自分はこういう人間だ』などと決めつけるのは何とももったいないことです。人はどんどん変わっていける」

私の阿川弘之作品の一押しは『南蛮阿房列車』。『阿房列車』は、内田百閒《ひゃっけん》の名作シリーズで、その衣鉢《いはつ》を継ごうという人が誰も現われないので、試みに自分が書いてみるということで、汽車に乗る旅を好む阿川弘之が書いた本だ。列車の旅は道中をともにする相棒が必要だ。相棒は同年代の狐狸庵《こりあん》・遠藤周作とどくとるマンボウ・北杜夫《もりお》。乗物狂でせっかちな阿川と躁《そう》病・遠藤と鬱《うつ》病・北の三人を中心とする弥次喜多道中は愉快だ。

阿川の作品では小説もいいが、身辺雑記を綴った軽妙なエッセイもいい。『文藝春秋』の長く続いた連載にもファンが多かった。その名エッセイの後任は、立花隆が襲っている。以下はその一場面。

「航空会社の仙台支店に勤務する当家の三男二十六歳が電話を掛けて来た。取引先の業者に『君のお父さん、今度勲章貰うんだって？』訊ねられたので……『はい。もう貰っちゃったようですけど』そう答えたら、『お父さん、何をする人？』『作家です』『ああ、Ｊリーグの関係か』と言われて、それ以上は説明しませんでしたが、よかったでしょうか、一応ご報告までということであった。久しぶりに私は声立てて笑い出した。まことに結構。これなら『虚』も『実』もありはしない。一般社会へ顔を出してみたらほとんど『無名』だったわけだ。落ち込んでいた気分がよほど楽になった」

住む場所を変えて、付き合う人を変えて、環境を変えていく。そして自分をどんどん変えていこう。

著者略歴
一九五〇年、大分県中津市に生まれる。九州大学法学部を卒業後、一九七三年、日本航空に入社。広報課長、サービス委員会事務局次長を経て早期退職。一九九七年に新設の宮城大学事業構想学部教授、二〇〇八年に多摩大学経営情報学部教授となり、二〇一五年に同大学副学長に就任。
著書には、ベストセラーとなった『図解シリーズ』(日本経済新聞社、PHP研究所他)、『遅咲き偉人伝—人生後半に輝いた日本人』(PHP研究所)、『偉人の命日366名言集』『偉人の誕生日366名言集』(以上、日本地域社会研究所)など一〇〇冊を超える。
久恒啓一図解WEB：http://hisatune.net/

一〇〇年人生《ねんじんせい》の生《い》き方《かた》死《し》に方《かた》
——百寿者《センテナリアン》からの伝言《でんごん》

二〇一八年八月五日　第一刷発行

著者　久恒啓一《ひさつねけいいち》
発行者　古屋信吾
発行所　株式会社さくら舎　http://www.sakurasha.com
東京都千代田区富士見一-二-一一　〒一〇二-〇〇七一
電話　営業　〇三-五二一一-六五三三　FAX　〇三-五二一一-六四八一
編集　〇三-五二一一-六四八〇
振替　〇〇一九〇-八-四〇二〇六〇
装丁　長久雅行
装画　アフロ（グスタフ・クリムト）
印刷・製本　中央精版印刷株式会社

ISBN978-4-86581-159-9